傷み、うねり、パサつき髪でも変われる!

基本のケアだけでキレイな髪になれました

監修 UMITOS 砂原由弥(すなはらよしみ)

漫画 ぺぷり

インプレス

コトン…

かみやさとみ
神谷里美（32）
会社員

だいぶ荷解きも片付いた〜
く〜〜〜っ

ありがとうございます!!
みんな髪がキレイでキラキラしてていいな〜
私もああなりたいけど…
最近仕事に引っ越しにバタバタで自分のケアもできてないしなぁ…
斜め向かいは美容室か…
の〜
の〜
……

昔は…
パ
サ
長いキレイなツヤ髪が
自分に自信が持てる
数少ないところ
だったんだけどなぁ…

今は髪の傷みに
悩む日々よ…
あ、枝毛…

薬
ドラッ
処方せん
く

髪質改善には
まずは
〇〇シャンプーと
△△バームと…
SNSで話題の
商品
色々調べて
きたんだから!

う〜〜〜ん…
あ！
あの美容室の人…！
すすみません…！
あら私のこと知ってるの？
たくさん選んでるのね！
えええ…

何か悩みがあるみたいだけど…

今のヘアケアはシンプル革命が基本なのよ！

え
えっと…

まずはあなたがどうなりたいかを考えて使うものを厳選したほうがいいわよ

悩みがあるならぜひ私の美容室へ

UMITOS
砂原由弥
Yoshimi Sunahara

里美ねぇ引っ越しお疲れさま～
神谷優里（26）
イラストレーター
里美の妹
熊切由美（38）
弁護士
里美の姉
引っ越し祝い持ってきたよ～
ありがとう～

髪の悩みって
つきないよねー
わかる
歳を重ねたり
ライフステージが
変わると
今までのケアでも
しっくりこなく
なるというか…

どうしていいか
わからないよね
……
あ
そういえば
これ
この前
髪の悩みがあるなら
来なさいって
家の斜め向かいにある
素敵な美容室の人に
いわれたんだった…

えっ!
この人
有名だよ!
ヘアメイクの
スペシャリスト!
売れてる
芸能人とか
いっぱい
担当してる
人じゃん!

髪で人生を
変えてくれる
って話題だよ!
通称
髪の守護神

じゃあさ!
今から3人で
一緒に行って
みようよ!
いいね!
えーーーーっ!

CONTENTS

登場人物紹介

神谷
三姉妹

次女

神谷里美（かみや・さとみ）

三姉妹の次女。会社で総務として働いている。髪の傷みと乾燥による広がりが悩み。最近は、枝毛や白髪も気になっている。

長女

熊切由美（くまぎり・ゆみ）

三姉妹の長女。弁護士。既婚者で3歳と1歳の子どもがいる。もとから髪が細く、最近はさらにボリュームがなくなり、のっぺりしてしまうのが悩み。

三女

神谷優里（かみや・ゆうり）

三姉妹の末っ子。フリーのイラストレーター。とにかくうねり（くせ毛）がすごいのが悩み。学生時代からずっと縮毛矯正をかけ続けている。

小林大輝（こばやし・ひろき）

砂原さんと同じ美容室で活躍中の美容師。ヘアケア用品等の成分や薬剤についての知識が豊富。砂原さんの講師業に同行している。

砂原由弥（すなはら・よしみ）

印象形成美容をもとに大学講師&セミナー講師をしながら、美容師＆ヘアメイクとしても活躍。里美と偶然出会い、髪についての悩み相談にのることに。

誰でも髪がキレイになる！ヘアケアの基本

普段何気なく行なっている
シャンプーやドライヤー。
でも、実は髪をキレイにする近道は、
基本のそれらを見直すことにあります。
さらに、お風呂前にも重要なケアが……

episode. 01

髪の毛と頭皮のケアは一緒じゃない!?

さて
みんなどんな
髪の悩みが
あるの？

えっと…
悩みはみんな
バラバラなん
ですけど…

里美の悩み

・髪の傷みと乾燥
・髪がボワッと広がる

ぼわ

あと最近
白髪も発見して…
ショックでした…

優里の悩み

髪のうねり（くせ毛）が
ひどい

学生時代から
ずっと縮毛矯正が
やめられません…

本当の姿は…

うねうね

くねくね

由美の悩み

髪がもともと細く
のっぺりしがち

ぺたーん！

最近薄毛
ぎみな気も…

悩みを解決するために、まずは髪と頭皮のことをわけて考えていくのが大切よ！
髪と頭皮…？

みんなが思っている髪はね実は細胞が「死んだ」ものだから一度ダメージを受けると勝手にもとには戻ってくれないわ
実はもう死んだ細胞だよ！
生きてるよー
頭皮は顔の延長線上にある「生きている」部分のことよここが健康ならキレイな髪が生えてくるの
髪はここで作られる

だから髪をキレイにしたいならまず頭皮の状態をよくすること
そしてあわせて髪のケアをするというのが大切なの

頭皮ってことは…
シャンプーを
しっかりすれば
いいってこと
ですか？

それがね
シャンプーで
洗いすぎるのも
頭皮から過剰に
皮脂や常在菌を
落としすぎて
しまうから
ダメなのよ
洗いすぎによるトラブル
・フケ　・ベタつき　・悪臭
・乾燥　・かゆみ　・抜け毛

毎日2回
シャンプーを
してる人は
やりすぎな
くらい
ギクッ！

必要な常在菌を
残すことを考えると
夏でも1日1回
冬なら2日に1回
くらいでも大丈夫
Summer
Winter

あの〜
夏場で汗を
かいたり
したときは
夜も朝も
シャンプーしたく
なっちゃうんです
けど…
どうしてもって
ときはお湯だけで
頭皮を洗うか
シャンプーを軽く
泡立てる程度でOK
方法は
また後で
教えるわね

まあ
一番頭皮にいいのは
スタイリング剤や
1日の汚れを
シャンプーで
落としてから
寝ることね

土台をしっかり
ケアすることが
髪をキレイにする
近道よ！

忙しいとか
疲れてるとかで
どうしても
しんどい場合って
どうしたら
いいですか？
私、繁忙期とか
ヘトヘトに
なりすぎて
何もせずに
寝ちゃうことが
あるんです…
もー
ムリ〜〜〜
ねる〜〜〜
ヘロヘロ

うんうん
毎日
お疲れさま！
そんなときは
無理しなく
てもいいわ
パァァァァァ

ちょっと
スカルプ（頭皮）
マッサージを
してみるくらい
でもOK！
ふむ
ふむ

ちなみに しんどいときでも メイクだけは 落としたり しない？
あ… はい！

そうよね 顔のスキンケアは しんどいときでも 最低限は絶対やっていて 普段は念入りに やっている人も 多いんじゃないかしら
は〜 つかれた〜

さっき 頭皮は顔の 延長線上にある っていった けど…
あっ！ つまり顔の スキンケアと 同じように 考えないと いけないって ことですね！

そう！ 顔をケアするように 頭皮のことも もっと労って ケアしてあげてね

じゃあ さっそく正しい ヘアケアの方法を みんなに 教えていくわ！
小林くん お手伝いきて〜
はー！

髪と頭皮の「密な関係」それぞれにあったケアがマスト

髪だけをいくらケアしても、不十分な理由

美しい髪を目指して、せっせとトリートメントやオイルで髪のケアに励むあなた、ちょっと待って！　「髪だけ」を熱心に手入れしても、限界があります。

そもそも髪は、根元の丸い部分「毛球（もうきゅう）」の内側にある髪のもと、「毛母細胞（もうぼさいぼう）」が分裂・増殖し、変化して伸びていきます。しくみとしては皮ふのアカや爪と同じ。この時点で、髪はすでに「死んだ細胞」です。髪自体に自らキレイになる力はありません。

そこで注目してほしいのが「頭皮」！　髪の質は、頭皮の状態に大きく左右されます。なぜなら毛母細胞が髪を作る際には、頭皮の毛細血管から補給される栄養が不可欠だから。頭皮環境が悪化して栄養不足におちいれば、美しい髪は育ちません。

頭皮に悪影響を与えるのは？

頭皮トラブル		頭皮が荒れる原因
・ベタベタする ・乾燥する ・におい ・フケ ・かゆみ	←	・冷え（血行不良） ・紫外線 ・頭皮や毛穴の汚れ ・ストレス ・睡眠不足 ・栄養不足 ・喫煙 ・過度なシャンプー

頭皮が荒れると、キレイな髪は生えてこない。
まずは頭皮を健康にすることから始めましょう！

頭皮は顔の皮ふの延長線上にあります。だから顔のスキンケアと同じように、大事にケアしてあげてほしいのです。

ポイントは2つ。1つ目は、頭皮の血流をよくすること。そして2つ目は、頭皮に住む「常在菌」のバランスを整えることです。

もちろん髪自体のケアはムダだよ、といいたいわけではありません。それもマスト！後でしっかり紹介しますね。とにかく大切なのは、髪と頭皮をわけて、それぞれにあったケアをすることなのです。

まとめ

髪と頭皮は別もの。
頭皮の環境をよくすることが
美髪への近道。

episode. 02

お風呂前のブラッシングが超重要!?

えと…
ビフォア
バス…？
なに
それ？
そう！
お風呂にはいる前
ビフォアバスの
ブラッシングで
ほとんどの汚れは
落ちるし
シャンプーの
泡立ちも
よくなるの

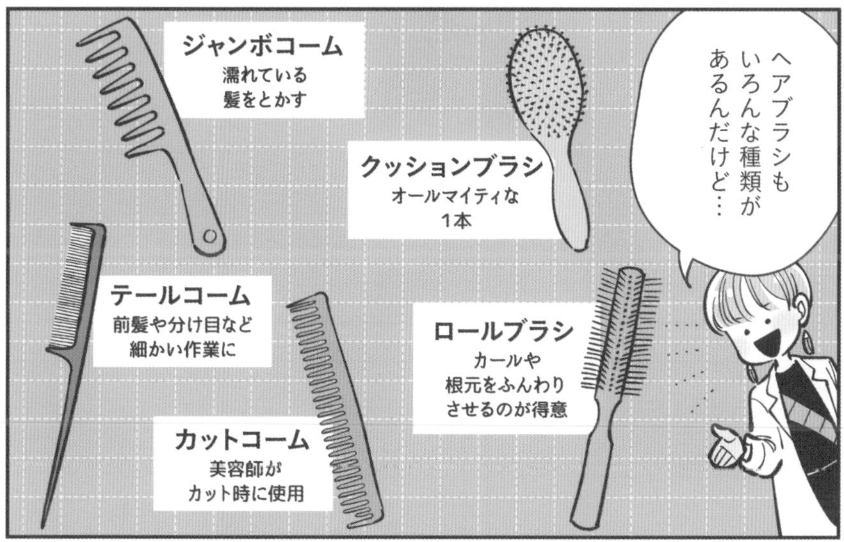
ヘアブラシも
いろんな種類が
あるんだけど…
ジャンボコーム
濡れている
髪をとかす
クッションブラシ
オールマイティな
1本
テールコーム
前髪や分け目など
細かい作業に
ロールブラシ
カールや
根元をふんわり
させるのが得意
カットコーム
美容師が
カット時に使用

ビフォアバスに
おすすめなのは
これ！
パドルブラシ
よ！
パンパカパーン
・ブラシ部分のサイズが大きく
空気穴がある
・根元部分がクッションに
なっているため、適度な刺激を
与えることが可能
・頭皮にやさしい

ブラッシングの手順

STEP 1
3つのブロックにわけて
上から下に髪をとかす
まずは髪をとかすんだけど
髪を3ブロックに
わけてやるのが重要よ！
③ 根元
② 中間部分
① 毛先
からみやすい
①毛先だけ
次に
②中間→毛先
③根元→毛先の
順番でとかすの

それぞれの
ブロックのなかで
上から下へと
とかしてね
③
②
①

引っかかったりしたら
髪の少し上を持って
毛先からほぐしてね
無理やりとかすと
枝毛の原因になるから
要注意よ！

STEP 2
サイドと後ろの髪を下から上に
ブラッシング
髪全体を上から下にとかしたら次はサイドや後ろの髪を下から上に中間くらいまでブラッシングして
毛先までは通さないで
頭皮にブラシを当てて
髪を立ち上げるように
してブラシを上へ

は〜きもちいい〜〜
ブラッシングは深呼吸しながらやるとリラックス効果が高まるからおすすめ

ブラッシングは髪だけ
じゃなく頭皮にもいいの！
まずは、これをやることが
キレイへの近道よ！

STEP 3 ブラシを押し当ててマッサージ
次は軽くマッサージよ！こめかみからてっぺんにむかって順にブラシを押し当てていくの
きもちよく感じる程度でOK
ブラシ全体を握って
プシュ
プシュ
プシュ

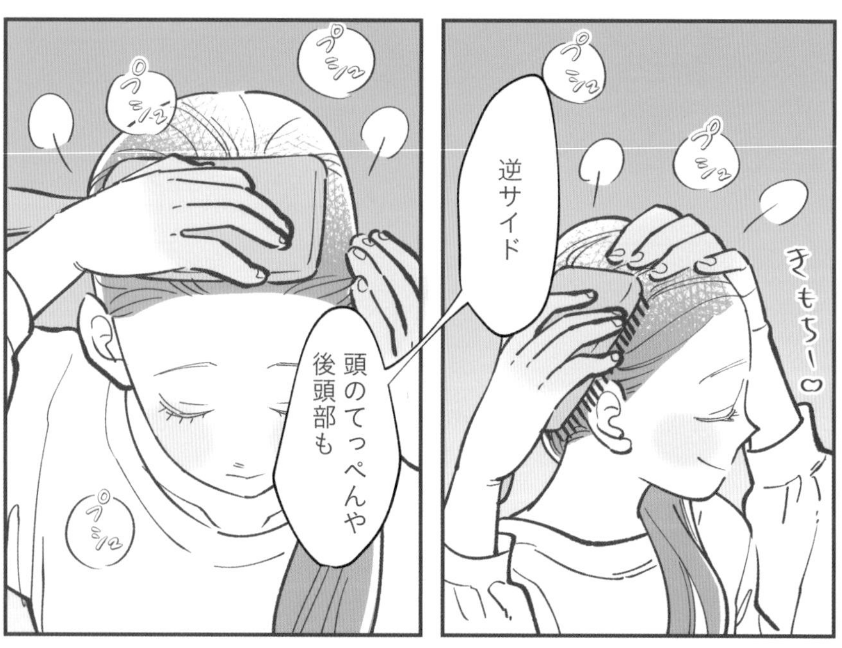
逆サイド
頭のてっぺんや後頭部も
きもちー
プシュ
プシュ
プシュ
プシュ
プシュ

次は
タッピングを
しましょう
タッピングとは
ブラシで軽く
頭を叩く
ことです

STEP 4　頭全体をブラシで軽く叩く
こめかみから始めて
頭全体を
TAP！　TAP！
トン
トン
トン
トン
トン
おお～

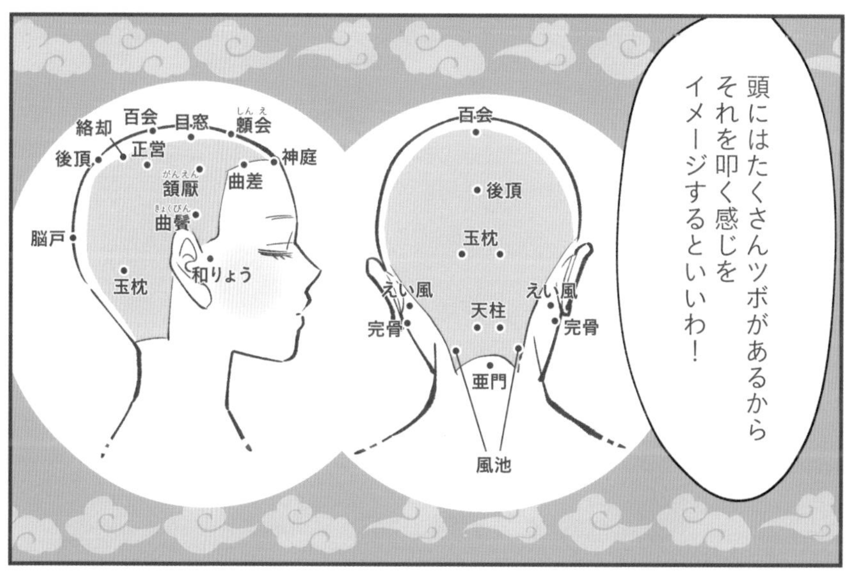
頭にはたくさんツボがあるから
それを叩く感じを
イメージするといいわ！
百会
目窓
顖会
絡却
正営
神庭
後頂
頷厭
曲差
曲鬢
脳戸
和りょう
玉枕
百会
後頂
玉枕
えい風
えい風
天柱
完骨
完骨
唖門
風池

頭が
ポカポカして
きました〜
ポカ
ポカ

血行が促進された
ってことね！
ブラッシングには
いい効果が
たくさんあるの！

主な効果としては…

ツヤ
ツヤ
髪にツヤが出る

カッ
ピ
髪の汚れをとる

フ
サッ
血行促進による
育毛効果

しっとり
うるおいが出る

スタイリングがしやすくなる

あと血行が促進されることで顔の肌にもよい影響があるの！
ツヤッ
顔の肌への効果
・肌がキレイになる
・シワが薄くなる
・クマが減る
・吹き出物が少なくなる
・フェイスラインがスッキリする
えっ!?
お肌
もっ!?

ビフォアバスから美髪作りは始まっているの
お風呂前の自分を労る素敵なひとときにしてね

ビフォアバスは毎日やらないといけないですか…？
バタバタしてることが多くて…
ドタバタ
きゃ〜〜♡

頭皮が荒れてなければ無理のない程度でやってもらうのがいいけど…面倒なら月1でもいいわ
メンタルリフレッシュの効果もあるので月末にやって気分をスッキリさせて次の月をむかえるのもおすすめですよ

インバス、アウトバスだけじゃない**ビフォアバス習慣**で頭皮ケア

シャンプーの準備は入浴前から始まっている

バスタイムに行なう髪のお手入れというと、入浴中のシャンプー・トリートメントなど「インバス」のお手入れや、入浴後のオイル・クリームなど「アウトバス」のケアがおなじみです。

ですが、ここで新たに提案したいのが「ビフォァバス」。つまり入浴前のケア習慣です。では何をするのか？　答えは「ブラッシング」です。

ブラッシングというと、朝起きて出かける前の1回しか行なわない、という人もいるかもしれませんね。ブラッシングは髪のからみや寝癖をとって、ヘアスタイルをキレイに整えるために行なうものというイメージが一般的でしょうか。

実は、ブラッシングの役割はそれだけではありません。ブラッシングの効果として強調したいのがマッサージ効果。髪をとかす際にブラシの先が頭皮に当たって血行がよくなるので、入浴中のリラックス効果が促進されます。そのほか頭皮環境の改善や、抜け毛、薄毛を防ぐ効果も期待できますし、頭皮とつながっている顔の肌にもよい影響があります。さらに、頭部には自律神経を整えるためのツボがたくさんあるので、ストレスが軽減されたり、気分がリフレッシュできたり……と、ブラッシングで行なうマッサージはメリットだらけなんです。

もちろん、髪をとかすことで髪にからみついたホコリや抜け毛、フケなどの汚れを浮かせたり落としたりする効果もあります。ですから、ビフォアバスのブラッシングはシャンプー前の下準備のようなもの。からまりがほぐれて、シャワーの水が頭皮まで届きやすくなるので、シャンプー前の予洗いもしっかりと行なえます。適切な量のシャンプーでも十分に泡立ち、頭皮の表面や毛穴に詰まった汚れまで、くまなく洗うことができるようになります。

ただし、無理やりからまった髪をとかすのはＮＧ。余裕のある日だけでもいいので、ぜひマンガで紹介した「正しい」ブラッシング方法を試してみてください。

ヘアブラシの選び方は髪と頭皮でわけて考える

ヘアブラシと一言でいっても、さまざまな種類があって迷ってしまう人も多いかもしれません。ここで大切なのは、「頭皮のためのブラシ」と「髪のためのブラシ」をわけて考えることです。

ビフォアバスのブラシは、髪の汚れを落とすだけでなく頭皮へのマッサージ効果も重視したいので、頭皮のためのブラシを選ぶのが最適です。具体的には「パドルブラシ」。クッションの部位に空気穴があり、穴から空気が抜けることでクッション性が出て、頭皮をやさしく刺激してくれます。

では外出前などにヘアスタイルを整える際に使う、髪のためのブラシは何がいいでしょうか。もちろんパドルブラシを併用してもいいのですが、ベストはイノシシやブタなどの毛で作られた獣毛（天然毛）のブラシ。獣毛の油分で、とかす際の静電気も防いでくれます。こちらもクッションのついた製品を選ぶと髪にかかる力が分散されるので、切れ毛などの傷みを避けられるでしょう。

ブラッシングをすると髪のツヤが増したように感じますよね。これは、頭皮から分泌さ

持っておきたいヘアブラシはこれ！

濡れた髪用

ジャンボコーム

髪が濡れているときは、髪が傷みやすいので、粗めのブラシを使うとよい

YS-603／Y.S.PARK

髪用

獣毛のブラシ

静電気が起こりにくく、ツヤが出るのでスタイリングにぴったり。水濡れ厳禁！

ハンディブリッスル／メイソンピアソン

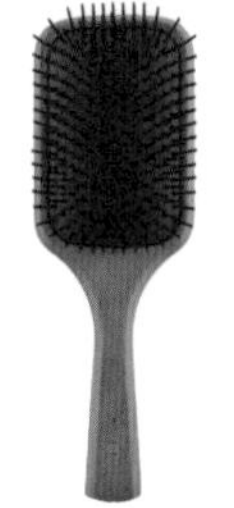
頭皮用

パドルブラシ

クッション性があるため、頭皮を傷つけない。頭皮マッサージにもおすすめ

パドル ブラシ／AVEDA

れた髪の根元の皮脂がブラッシングによって毛先まで届いて、髪全体がうるおうためです。

ただし、皮脂が分泌されていない状態でブラッシングすると、摩擦が生じて髪の表面のキューティクルを傷つけることも。髪の乾燥が気になる人はブラッシング用のローションを使うとより安心です。

また、過度なブラッシングも摩擦をかけすぎてしまうのでNG。**タイミングは入浴前と就寝前、起床後の1日3回までにとどめて**おきましょう。

3種類のブラシをうまく使いわけて、頭皮と髪にやさしい習慣を取り入れよう。

episode. 03

頭皮と髪の毛の正しい洗い方って？

Next Stepは…

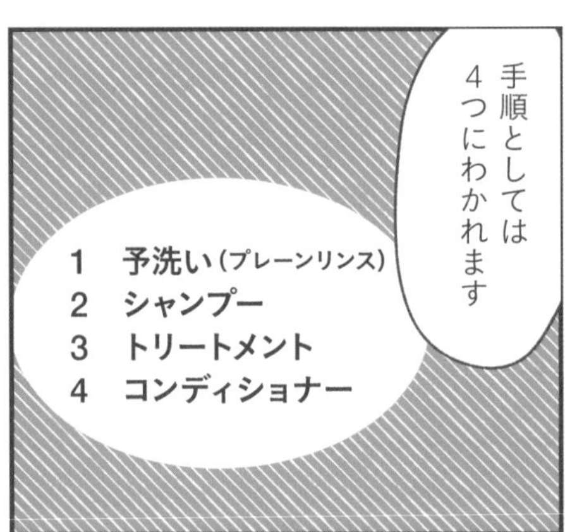

予洗いの手順
じゃあ、さっそく予洗いから！
STEP 1
えりあしからお湯を当てる
・一番毛量が多くてにおいや汚れがたまりやすいえりあしから洗うことで枕のにおいや黄ばみを予防できる
・自律神経が通っているのでリラックス効果も得られる
ココ
手のひらにお湯をためるようにして重点的に洗います（ため流し）
てっぺんからじゃないんですか!?
てっぺんは毛量が少ないからそこからお湯を当てると薄毛の原因になることもあるわ

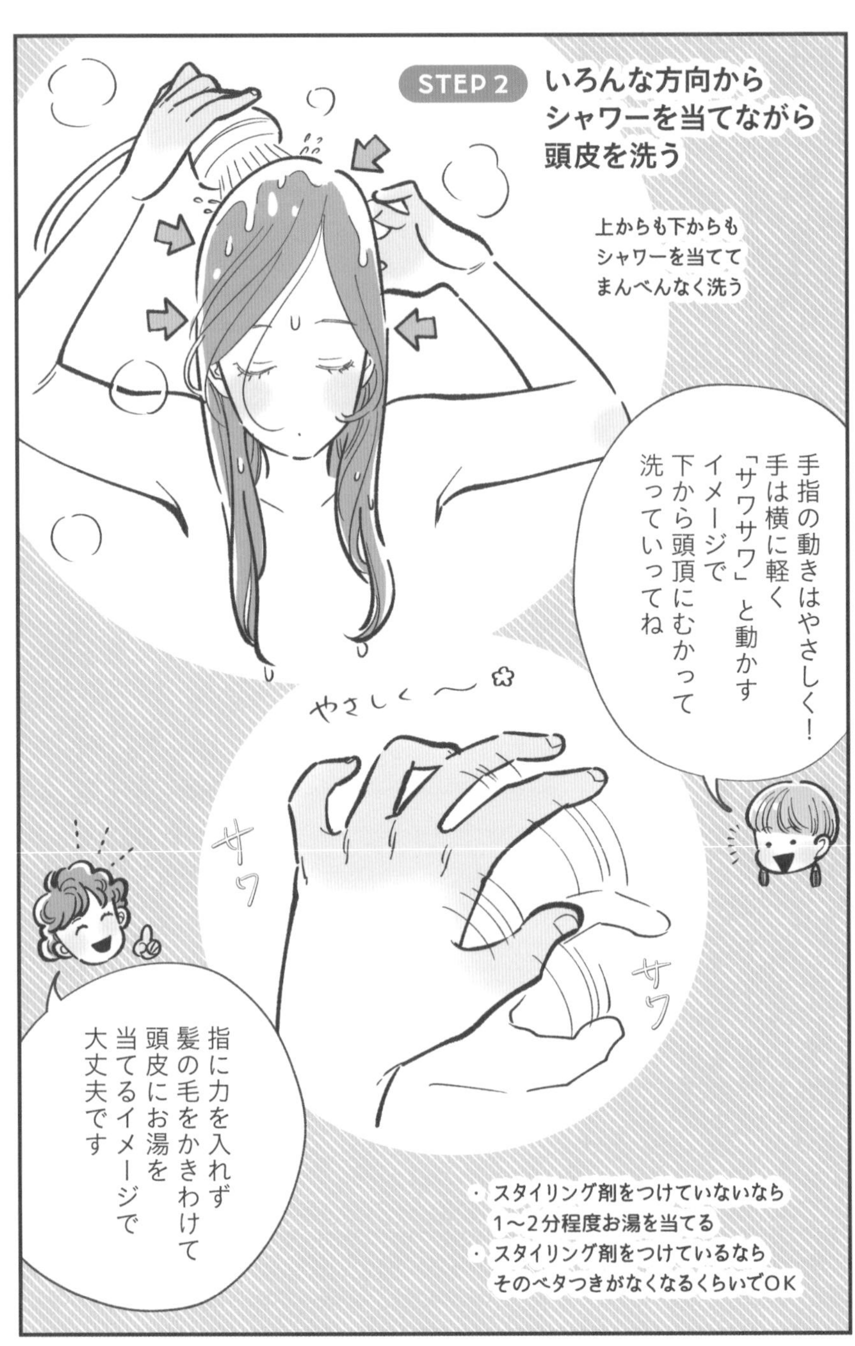
STEP 2
いろんな方向から
シャワーを当てながら
頭皮を洗う
上からも下からも
シャワーを当てて
まんべんなく洗う
手指の動きはやさしく！手は横に軽く「サワサワ」と動かすイメージで下から頭頂にむかって洗っていってね
やさしく〜
サワ
サワ
指に力を入れず髪の毛をかきわけて頭皮にお湯を当てるイメージで大丈夫です
・スタイリング剤をつけていないなら
1〜2分程度お湯を当てる
・スタイリング剤をつけているなら
そのベタつきがなくなるくらいでOK

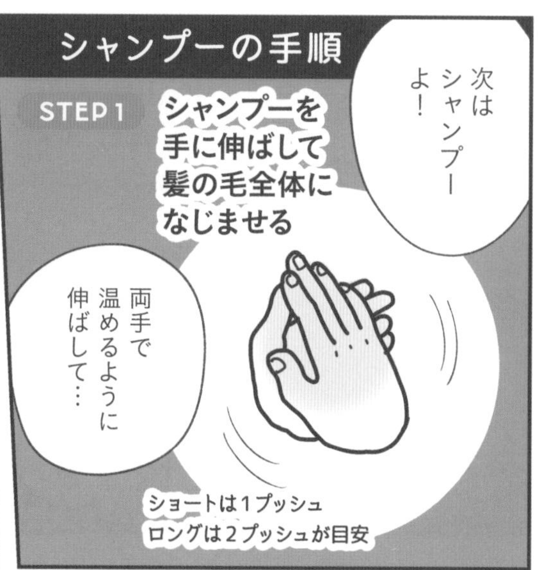

次はシャンプーよ！
シャンプーの手順
STEP 1
シャンプーを手に伸ばして髪の毛全体になじませる
両手で温めるように伸ばして…
ショートは1プッシュ
ロングは2プッシュが目安

髪の毛全体になじませてください
まずはまんべんなくつけるだけ

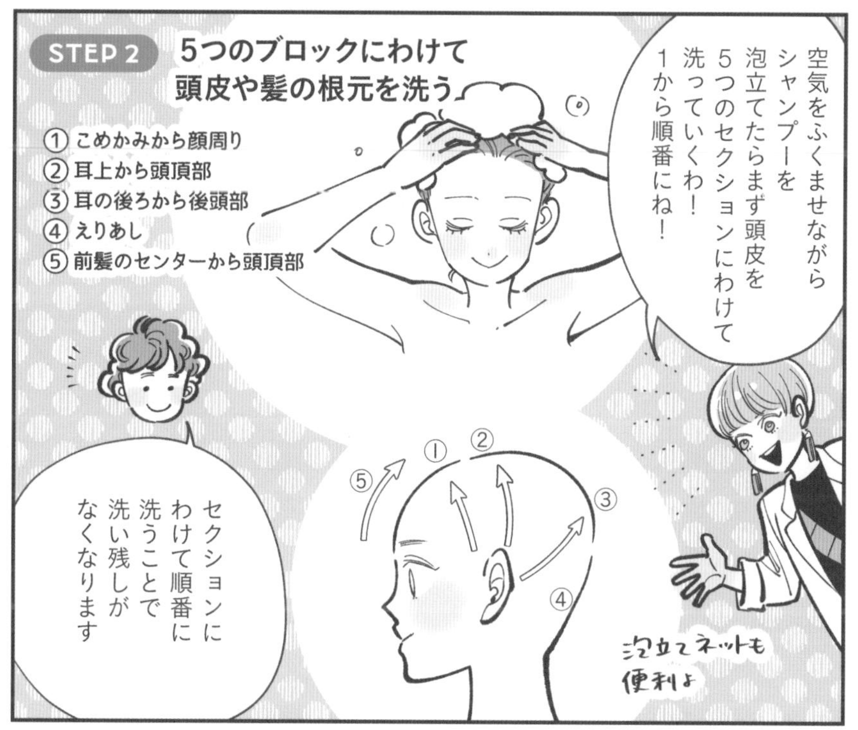

STEP 2 5つのブロックにわけて頭皮や髪の根元を洗う

空気をふくませながらシャンプーを泡立てたらまず頭皮を5つのセクションにわけて洗っていくわ！ 1から順番にね！

① こめかみから顔周り
② 耳上から頭頂部
③ 耳の後ろから後頭部
④ えりあし
⑤ 前髪のセンターから頭頂部

セクションにわけて順番に洗うことで洗い残しがなくなります

泡立てネットも便利よ

人差し指、中指、薬指の3本の指の腹を使ってジグザグに下から頭頂にむかって洗いましょう
※指の腹で
※爪はたてない
ジグザグ
これを2往復してね!

STEP 3 軽くシャンプーマッサージを行なう

頭皮全体にシャンプーの泡がなじんだら次はマッサージよ!

今度は5本の指を使ってこめかみから頭頂部にむかって円を描くようにクルクルと…

くるくる

頭頂部と頭の出っ張っている部分(ハチ)は少し力を強めにしてもいいけど基本は軽くね!

頭皮を傷つけちゃうからね

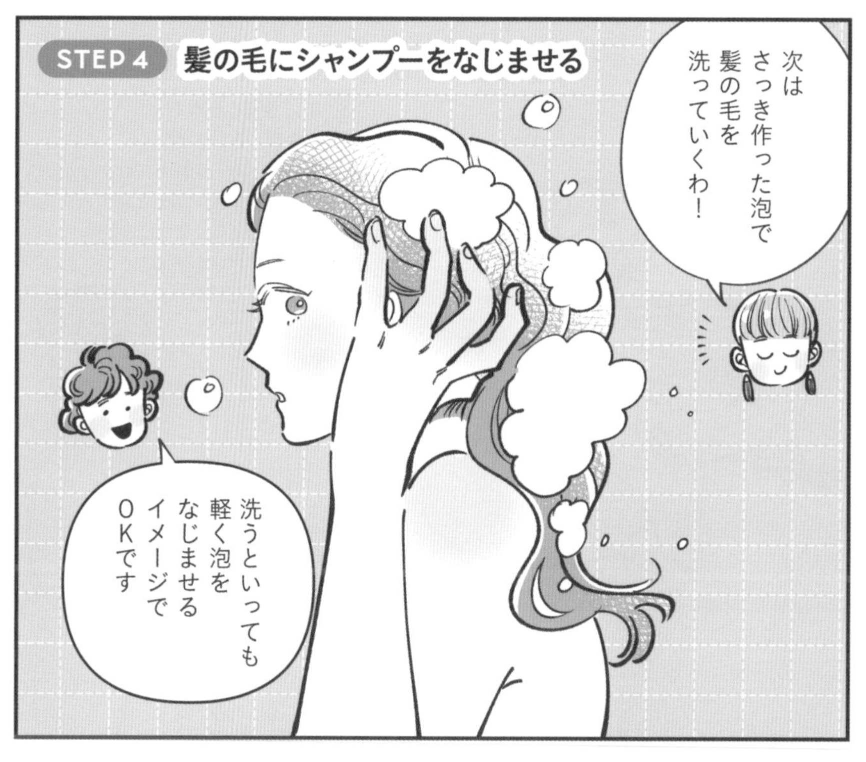

STEP 4 髪の毛にシャンプーをなじませる

次は
さっき作った泡で
髪の毛を
洗っていくわ！

洗うといっても
軽く泡を
なじませる
イメージで
OKです

シャンプーは頭皮の汚れや
スタイリング剤を
落とすものです
スタイリング剤をつけて
いないなら頭皮を洗うときに
流れる泡で髪の毛の
汚れはとれますよ

なじませたら
泡を切ってから
洗い流すの
きゅっ

STEP 5 シャンプーを洗い流す

・手にお湯をためて、
ため流しをしながら
えりあし側から頭頂にむかって
頭全体のシャンプーを流す
・ぬめり感がなくなったらOK

ため流し

シャワワワワー

ため流しでいろんな角度からお湯を当てて

えりあし念入りに→

最後に、もう1回汚れが残りやすいえりあしと耳後ろを！シャワーヘッドを押し当てるようにしてしっかり流してね

予洗いのときと同様にえりあしから順番にやるのがポイントです
ここが一番泡が残りやすいからね〜
泡が残るとにおいの原因にもなるし頭皮にも悪影響よ

次は
トリートメント
よ！
Treatment

てへっ
実はよくわかってなくて…
あの…
そもそも
トリートメントと
コンディショナーの
違いって
なんなんでしょう？

コンディショナー（リンス）
★外部補修
成分が出ていかない
ように髪の毛を
コーティング
する役割がある
Conditioner
トリートメント
★内部補修
髪の毛を
補修する
役割がある
Treatment
違いはコレ!!

傷みが気になる人は
両方やったほうが
いいけど
基本は
トリートメントか
コンディショナーの
どちらかだけで
OKよ！

どちらも
やる場合は
必ずトリートメント
の後に
コンディショナー
をしないと
意味がないの！
コンディショナー
トリートメント
なるほど!!
トリートメント
の成分を
コンディショナー
で閉じ込める
イメージですね

トリートメントの手順
STEP 1
水気をとったら
トリートメントを
毛先からなじませる
・毛先からやさしく塗布したら
徐々に上にむかって
なじませていく
・基本は頭皮にはつけず
毛先のみでOK
（頭皮につけてOKなものもある）
毛先のみ
STEP 2
トリートメントを
上から下へ揉み込む
毛先になじんだら
少しずつ髪の毛の束を
とって指先でモミモミと
トリートメントを
閉じ込めるように
上から下へなで入れる
やさしく
モミ
モミ
髪のキューティクルは下にむかって開くから上から下に揉んでいってトリートメントの成分を閉じ込めるのが大事なの！
傷んだ髪
健康な髪

STEP 3 コームで髪をとかす

- 目の粗いコームを使うこと
- 表面についたトリートメントを髪全体にムラなくなじませる効果がある

ここもキューティクルの流れを考えて上から下へ！

トリートメントをムラなく行き渡らせてね

トリートメントはすぐ洗い流してもいいんでしょうか？
そのまま数分置いてもいいしタオルを巻いてしばらく置いてもいいしすぐ洗い流してもOK
基本的にはメーカーが推奨する方法で行なうのがいいと思うわ

洗い流し方はP43へ！
Go
Go
Go

コンディショナーの手順

水気をとったら
コンディショナーを
毛先になじませる

頭皮にはつけず毛先のみに

はーーい

傷みやパサつきが気になる人はトリートメントと同じ方法で揉み込むといいわ

やさしく

モミ

モミ

トリートメント／コンディショナーを洗い流す

やり方はシャンプーと同様。
えりあしから
手にお湯をためながら
洗い流していく

シャワワワ

ちなみに…
今っていろんな
シャンプーや
トリートメント
があると
思うんですけど
おすすめ商品
ってあったり
しますか？
乾燥に効くとか
薄毛に効くとか

そうねぇ…
私としては
商品に過度な期待は
しないほうがいいと
思っているわ
「このシャンプーを
使えば絶対
髪の傷みがなくなる！」
っていう魔法みたいな
商品は残念なことに
ないのよ
それに
髪はもう死んだ
細胞ですから
傷みすぎちゃうと
ヘアケア用品だけで
復活させるのは
難しいんです
Magic

だから
普段から
ブラッシングや
正しい洗い方を
実践して
健康な頭皮作り
をしたほうが
効果的なの！

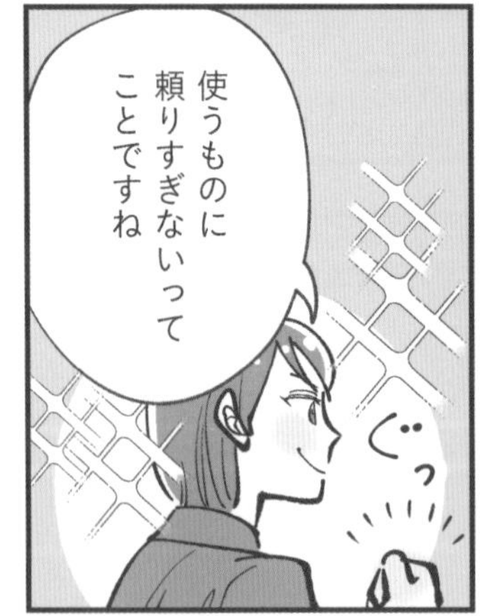
使うものに
頼りすぎないって
ことですね
ぐっ

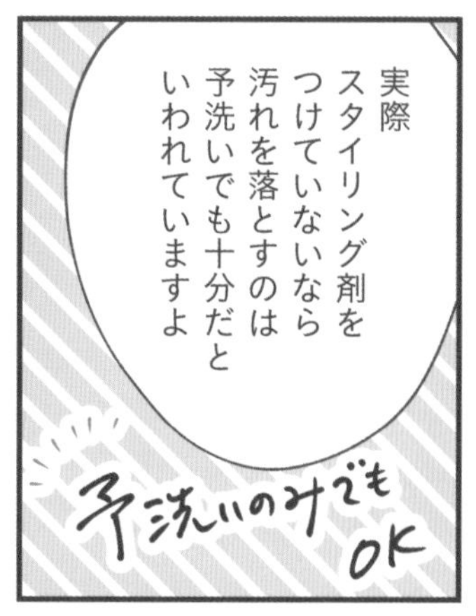
実際
スタイリング剤を
つけていないなら
汚れを落とすのは
予洗いでも十分だと
いわれていますよ
予洗いのみでも
OK

特に髪を染めている人は
シャンプーをすると色が
落ちやすいから
普段は予洗いと
トリートメントのみ
2日に1回シャンプー
するだけでもいいの
2日に1回
シャンプー

シャンプーしないと
落ち着かないというか
気分がスッキリしない！
っていう人は毎日やっても
もちろんいいのよ
自分の生活に
あったケアが
大事って
ことですね
そう！
無理した習慣は
続かないし
ストレスに
なっちゃうから

あとは使うヘアケア用品や
洗い方で悩んだら
美容室で相談してみるのも
一つの方法よ
サロン専売品は
ドラッグストアなどの
市販のものより
価格は高いけど
その分効果も
高いのよ
じゃあ私たちは
どんどん
砂原さんに
聞きたいと
思います！

たくさんあるヘアケアアイテム、どうやって選べばいい？

あなたの髪質を知る美容師に相談するのも◎

「このクレイシャンプーで髪質が変わった！」「このアウトバスオイルを使うと髪のまとまりが違う」など、ＳＮＳの投稿に触発されて商品（アイテム）を手に入れたものの、結局使い切ることなく次の商品へ……という人は少なくないはず。

いろんなアイテムを試すのってワクワクしますよね。ただ、そんな気持ちに水を差すつもりはないのですが、ケア用アイテム選びにおいて大事なのは「アイテムに頼りすぎない。過度な期待をしない」ことです。

ヘアケアで何より大切なのは、さきほどのマンガで紹介した、シャンプー前の「予洗い＝プレーンリンス」の工程。そこで髪の汚れの7～8割は落とせます。スタイリング剤を使っていないなら、予洗いだけのときがあってもいいほど。予洗いを見直したうえで、自分の髪の悩みを明らかにし、目指すスタイルを決めて必要なアイテムのみを厳選しちゃってください。あれもこれもと使うより、CHAPTER2で紹介するスペシャルケアだけをゆっくり時間をかけて行なうほうが効果的なんです。ただ厳選するといっても、これだけたくさんのアイテムがあるなかでチョイスするのは至難の業ですよね。そこで、選ぶ際のポイントをお伝えします。

まず基本的に、シャンプーとトリートメントは同じラインのものを丁寧に使うのがベストです。なぜなら、同じラインのものはメーカーがセットで使って効果が出ることを想定して作られている場合が多いから。使用量も最初は商品のパッケージに記載された説明書きの通りに使ってみましょう。

通っている美容室の担当美容師はあなたの髪の悩みや髪質を熟知しているはずなので、相談してみるのも一案です。サロン専売品は、ドラッグストアなどで売られるアイテムより高価な場合が多いですが、その分、品質も高いことがほとんど。シャンプーをしてもらって「いい感じだな」と思ったらぜひ聞いてみましょう。

アイテム選びでは、「なんかいい感じ」という五感に訴えるポイントが、とても大事なのです。インターネットを検索するとあれこれ「いい成分」「悪い成分」などが見つかり、頭でっかちになりやすいもの。ですが、どれほどいい成分がはいっていたとしても、その香りや使用感が好みでなければ心地よいケアはできません。どうしても成分が知りたい！　という方は左の表を参考にしてくださいね。

新しいケアアイテムが自分にあうか、は翌朝にわかる

よく「アイテムが自分にあっているかどうかはいつ判断できる？」と聞かれます。答えは「翌日に判断しちゃって大丈夫！」。次の日、朝起きて鏡を見たときに「なんとなく、髪がいい感じ！」と思えたなら、そのアイテムはほぼあなたにフィットしているでしょう。そう思えたなら、加えて「毛先が広がっていないか」「乾燥していないか」「ハリがあるか」などなど髪の悩みに応じたポイントをチェックしてみてください。

「このアイテムは失敗した」と思ったとしても、なかなか捨てるわけにはいかないですよね。その場合は自分の髪を観察しながら「『何が』足りないか」を考えてみましょう。乾燥するならドライヤー前のオイルやクリームで補ってみる。洗い上がりがさっぱりしないならシャンプーの量を見直したり、予洗いの工程をチェックしたりするの

うねり・乾燥・ボリュームを改善できる成分

くせでうねる

アルギニン、ラノリン、セラミド、アルガニアスピノサ核油　など

髪が細い、ボリュームがない

ケラチン、椿油、グリセリン　など

乾燥による傷み

グリセリン、セラミドNP、コラーゲン、リピジュア、ハチミツ、シア脂、アーモンド油、椿油　など

とはいえ、成分ばかり覚えるのは大変！
まずは、いい香りがするとかいい仕上がりになったといった自分の五感を大切に。

も◎。とはいえ、できればこうした事態は避けたいもの。だからこそ気になる商品はまずサンプルで試すといいですよ。

ちなみにカラーリングをして、想像した色と違うと感じたら、似た系統の色のカラーシャンプーで補正してみましょう。また、ハイトーンのカラーリングをしている人は、シャンプーを控えて水だけで洗うとカラーを長持ちさせられます。ただ、なかなか難しいと思うので、普段は予洗いとトリートメントのみで、シャンプーは2日に1回程度に抑えるとハイトーンを長く楽しめるでしょう。

まとめ

五感に響く「いい感じ！」なアイテムを丁寧にライン使いしてみよう。

episode. 04

髪の乾かし方がキレイな髪の決め手になる！

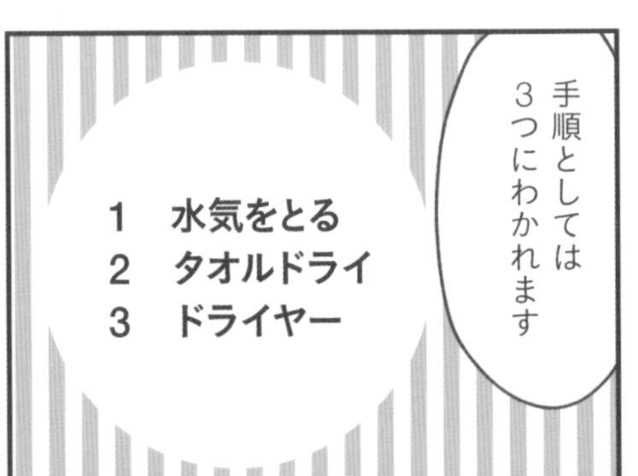

濡れた髪を放置（自然乾燥）すると…？

- キューティクルが傷つきやすくなりパサつきや傷みの原因に
- 寝癖がつきやすくなる
- フケや薄毛、抜け毛の原因になる可能性がある
- 頭皮のにおいやかゆみが出てくる
- カラーが抜けやすくなる

水気をとる手順

STEP 1 小束にわけた髪をやさしく握って水気をとる

STEP 2 粗めのコームで上から下に髪をとかして根元の水を毛先に持ってくる

STEP 3 もう一度手で水気をとる

髪が傷んでいる人は
タオルドライ前に
オイルなど
アウトバスクリーム
を塗っておくと
髪になじみやすい
ですよ
クリーム・オイル系
いろんな種類が
あるけど
自分がなりたい
質感にあわせて
選べばOK！

タオルドライの手順

あと、シャンプーのとき
みたいにブロックに
わけて拭いていくと
全体から水分をとる
ことができるわ

長い人は髪を
左右にわけてね

STEP 1 タオルで頭皮の水気をえりあし側から拭き取る

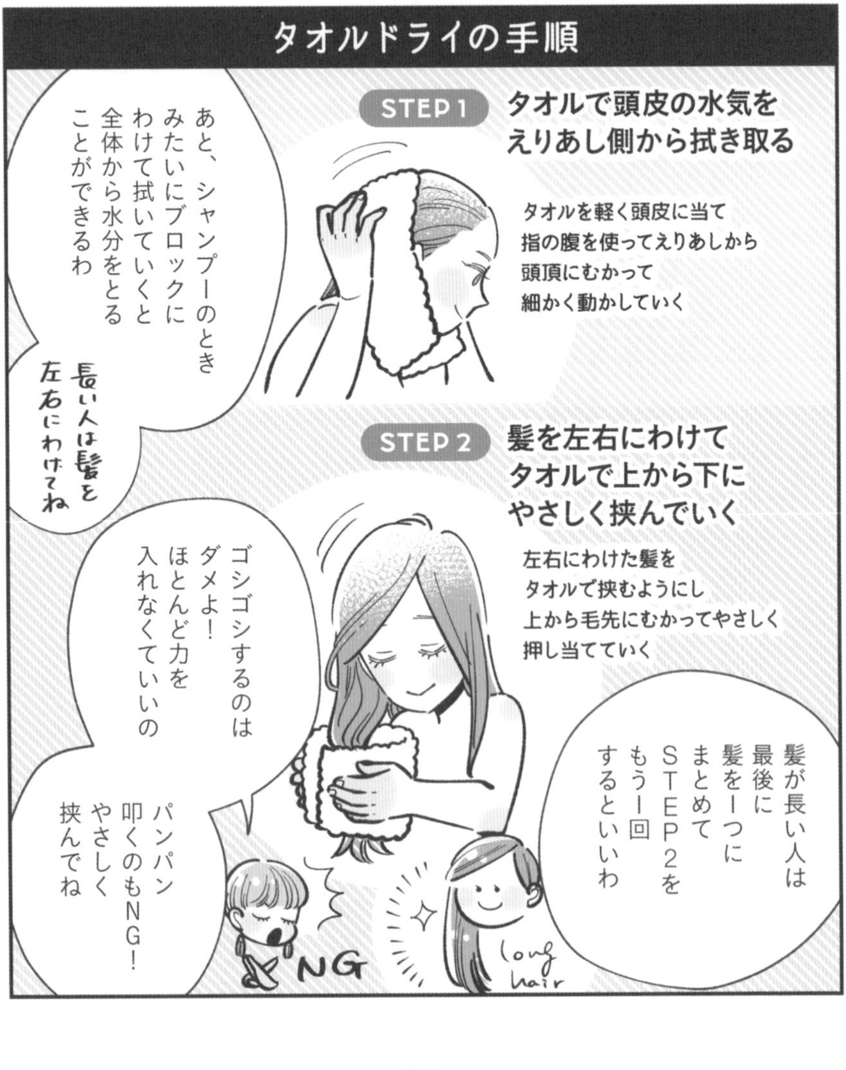

タオルを軽く頭皮に当て
指の腹を使ってえりあしから
頭頂にむかって
細かく動かしていく

STEP 2 髪を左右にわけてタオルで上から下にやさしく挟んでいく

左右にわけた髪を
タオルで挟むようにし
上から毛先にむかってやさしく
押し当てていく

ゴシゴシするのは
ダメよ！
ほとんど力を
入れなくていいの

パンパン
叩くのもNG！
やさしく
挟んでね

NG

髪が長い人は
最後に
髪を一つに
まとめて
STEP2を
もう一回
するといいわ

long hair

ここまでの2ステップで水がしたたり落ちないくらいまでいけるはずよ！

最後はドライヤーです
ドライヤーを使うときのポイント
・最初の温風は、心地よいと感じる温度で
・ドライヤーは頭から20センチくらい離す
・1つのポイントに当てすぎないように、小刻みにドライヤーを振りながら乾かす

ドライヤーの手順

20cm程離す

STEP 1 前髪の根元から乾かす

前髪の根元に風を当てる
分け目は無視して
左右から当てるといい

STEP 2 全体の根元を乾かす

耳の後ろやえりあしは乾きにくいからしっかりと！

髪を持ち上げて
ドライヤーを小刻みに
振りながら根元を中心に
いろんな角度から乾かす

STEP 3 頭のてっぺん（トップ）を乾かす

てっぺんは上からドライヤーをむけるだけで根元に当たるので髪を持ち上げたりしなくても大丈夫！

STEP 4
サイド（顔の横）の中間から毛先をとかすように乾かす
ドライヤーを上から当てるようにして手ぐしをしながら乾かす
STEP 5
ドライヤーを後ろから髪に当てて乾かす
ここまでが温風ゾーンよ！全体の９割ぐらいが乾けばＯＫ
左右に髪をわけて首の後ろからドライヤーを当てて、中間や毛先に風を当てる
STEP 6
手ぐしをしながら冷風で髪の流れを整える
冷
キューティクルを閉じるイメージで流れにそって上から下に冷たい風を当てる
冷風を当てることでスタイルキープもできるわ
上から下へ

髪が長い人は
最後に髪を指に巻き
つけながらドライヤーを
当てると、髪がゆるく
巻かれた感じになって
まとまりやすくなるわ！
指で
クルクル

髪がうねる人や
髪が薄くてのっぺり
しちゃう人は
ドライヤーの当て方が
大事なんだけど
まずは基本を
覚えて！
今度説明
するわね
（P112参照）

うちの子どもたち…
今1歳と3歳なん
ですけど
お風呂の後って
本当にバッタバタで
すぐに乾かせない
ことが多いん
ですけど…
びっちょり…
あそぶ〜
体拭いて〜
保湿して〜
服着せて〜
髪乾かして〜

そういうときは
吸水タオルなどで
髪をまとめて
おきましょうか！
前から巻いて
後ろから
ゴムなどで
結んだら
多少動いても
外れにくくて
おすすめ！
※うしろ

フェイスタオル
なるほど
ちなみに
頭を拭くタオルは
毎日交換するのがベスト！
フェイスタオルや
ミニバスタオルで拭いて
毎日交換するといいわよ！

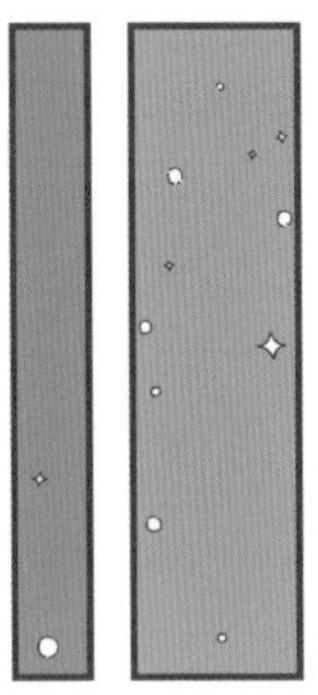

とても有意義な時間でした！ありがとうございました
またいつでも来てね

1週間後
あれから教わったように家でヘアケアをしているけど…
朝のヘアセットがすごくラクになったなぁ
髪のおさまりがいいというか…ボハッと広がらない！
髪が元気になってるみたい…！

三姉妹
見よ、泡泡星人参上！
シャンプーめっちゃ
泡立つようになった♡

三姉妹
ドライヤーの時間
すごい短くなって
自分の時間とれる
ようになったよ〜

みんなもいい変化が出てるみたい…
あのとき勇気を出して美容室に相談に行ってみてよかったなぁ

ツヤ髪も、整ったヘアスタイルも手にはいるドライヤーのコツ

自然乾燥はNG。ドライヤーはマストです！

ドライヤー＝面倒な作業、そう思っている方は多いでしょう。特に忙しい平日の夜なんて「乾かさずに眠れたらラクなのに！」という声が聞こえてきそうです。

現代の人たちは、仕事に家事に育児にと忙しくて時間がない。本当に、毎日お疲れさま！　だからドライヤーは省いて寝ていいですよ、といいたいところですが……ごめんなさい。やっぱりドライヤーは大切です。しかもお風呂を出たら、できるだけ早く乾かしてほしいのです。

濡れた状態の髪は、髪を保護する表面のキューティクルが開いています。そのまま放置するとキューティクルがはがれやすく、髪の水分やタンパク質が外に流れ出てし

まい、髪が傷む原因になります。

熱風で髪の毛が傷むから……とドライヤーを控える人もいるかもしれません。でも、それは逆効果。自然乾燥で放置すると、濡れている間はキューティクルが開きっぱなし。それがいかに髪によくないか、もうおわかりですよね。

だから髪を乾かす際は、スピード重視！　ドライヤーを選ぶときには速乾性をうたう商品を選ぶのがおすすめです。

ドライヤーのくわしい手順はぜひP50からのマンガを参考にしてくださいね。ここでは具体的なコツを中心にお伝えしましょう。

ドライヤーをかける前には、タオルを使ってやさしく水分を拭き取るタオルドライの工程がとても大切です！　さきほど自然乾燥はダメだといったものの、やはりドライヤーの熱風も髪がパサつく原因になるのは否めません。スピード重視といったのは、キューティクルを早く閉じたい、という理由だけでなく、熱風に当てる時間をできるだけ短くしたい、というワケもあるのです。

タオルドライの際は、頭皮→髪の順で拭き取りましょう。髪はこすったり叩いたりせず、やさしく押しながら拭き取るイメージで。乾燥が気になる方はタオルドライする前、濡れた髪の毛先を中心に、保湿力の高いアウトバスオイルやミルクを塗り込んでおくと◎。濡れたまま塗布することで、なじみがよくなります。ナチュラルな質感に仕上げたい人は、オイルではなくミルクタイプを選んでください。

タオルは毎日清潔なものを使ってくださいね。バスタオルは乾きづらいので毎日洗濯はしない、という人は髪用に別のフェイスタオルやミニバスタオルなどを用意するのがおすすめ。こうすれば毎日交換しやすいはずです。

タオルドライがすんだらドライヤーの出番。ポイントは次の4つです。

①「髪の根元」「毛量の多い耳の後ろ周辺」は、乾きにくい場所。ここはしっかりドライヤーを当てていく。結果的に全体をムラなく乾かすことができる。

②ドライヤーの送風口は髪の毛から15~20センチほど離し、1カ所に熱風が集中しないよう、送風口を左右に振るように動かしながら乾かす。

③キューティクルは、根元から毛先にむかって並んでいるので、風で閉じるようにして根元から毛先にむけて風を送る。キューティクルが整いツヤが出やすい。

④最後に冷風で仕上げて、ツヤを出す。

実は**ドライヤーの工程は、ヘアスタイルを整えるうえでも重要なステップ。**髪の悩

ドライヤーにまつわる疑問を解決！

Q 冷風に切り替えるタイミングがわかりません……。

A 湿っているところがなくなれば、冷風に切り替えてOKです。
その際、まだ湿っている箇所があれば温風に戻しましょう。
冷風にすると髪の毛が乾いているかどうかの判断がしやすいので、
乾かしすぎを防ぐこともできます！

Q おすすめのドライヤーを教えてください！

A この質問もよくされますが、最近は高性能なものが多いので、商品によってそんなに大きな違いはないです！
速乾性に加えて、自分の悩みに応じた機能がついているドライヤーを選べばOK。

みのせいで髪型が決まらない、という人はドライヤーの方法を工夫してみてください。

例えば、髪にボリュームが出やすい人は抑えたい部分を手で押さえながら、根元を寝かせるように乾かし、最後に冷風で形状記憶させましょう。

逆にペッタリするのが悩みなら根元を立ち上げるように、毛流れの方向の逆サイドから風を当てていきます。根元を手で掴み、持ち上げるようにして乾かすのも◎。くわしい方法はP112からのマンガで紹介していますよ！

まとめ

髪のキューティクルを守るため
正しいドライヤーのかけ方で
なるべく早く乾かそう。

COLUMN

硬いor柔らかい、太いor細い

そもそも「髪質」って何？

「髪の毛が硬くて太いから広がる！」と嘆く人がいれば「細くて柔らかい（猫っ毛）髪質だから、すぐペタンコになる……」と訴える人もいます。それぞれに悩みがあるとはいえ、髪質はその人にしかない個性そのものです。この「髪質」って何によって決まるのか、ご存じですか？

まずは髪の構造から説明しましょう。主成分はケラチンというタンパク質で、以下の①→②→③の3層にわかれています。

①表面を覆って髪を守る、うろこ状の「キューティクル」。

②髪の毛に弾力を出す「コルテックス」。髪の毛の85%を占める。

③髪の中心にある「メデュラ」。ある人とない人がいる。

3つのなかで、髪質を大きく左右するのが②のコルテックス。コルテックスの量が多い人の髪は太く、少ない人は細くなります。そして、コルテックスのケラチンの密度がぎっしり詰まっていると髪は硬くなり、余裕があると水分がはいり込んで柔らかくなるのです（メデュラの密度が関係する場合もあります）。加えて、①の表面を守るキューティクルの厚さもポイント。これが薄いほど柔らかくなるため、柔らかい髪の毛の人はどうしても髪が傷みやすいともいえるでしょう。

ちなみにうねり（くせ毛）の原因の1つとして考えられているのが、コルテックスのタンパク質の繊維がまっすぐではないこと。ホルモンバランスの乱れや栄養不足によってうねりが悪化することもありますので、注意したいですね。

CHAPTER 2

もっと美髪になるためのスペシャルケア

ここからは、基本の手順に
プラスアルファしたい
スペシャルケアを紹介していきます。
自分の生活にあわせたヘアケアレシピを
組み立てられるようになりましょう！

ヘアケアを続けていたら
髪がまとまりやすく
なってきたな

episode. 05 ヘアマスクで髪の傷みを補修する

もっともっと
キレイにしたい!
自分でできる
スペシャルなケアは
ないの!?
あくなき
探究心!!

———というわけで
砂原さんに相談してみると…
里美さんは
傷みが悩みだから
ヘアマスクを
取り入れてみると
いいわ

ヘアマスク?
髪のダメージケア
に特化した
アイテムよ!

えっと…
補修ってことは…
トリートメントと
どう違うんですか?
えっと…
アレ?
わかんなくなって
きた…

似ている
アイテムだけど
ヘアマスクの
ほうがより
効果的ね
HairMask
Hair Treatment
2つとも髪の 内部まで補修 することが目的
ヘアマスクのほうが、トリートメントより成分量が多く
うるおい効果や修復効果が高いとされている!

じゃあさっそく使い方を教えていくわね！

ヘアマスクの使い方
ヘアマスクはシャンプーとコンディショナーの間に取り入れるスペシャルケアなの
Condi tioner
Mask
Shampoo
コンディショナー ← ヘアマスク ← シャンプー ← 予洗い

【準備】予洗いとシャンプー後の清潔な髪に使用する
洗髪ずみ
前に紹介したシャンプーを流した後から始めるわね！

STEP 1 手でやさしく握って水気をとる
・使うヘアマスクが粘度の高いものなら手で握って少し水が出るくらい
・ゆるめのものなら握って水が落ちない程度まで
やさしく
水気が多いとヘアマスクが流れちゃうし少ないとなじみが悪いの！

STEP 2
毛先にのみ
ヘアマスクを
なじませる
基本は頭皮につけないように注意してね！なかにはつけていい商品もあるからそういうものならＯＫ！

STEP 3
数分そのまま置く
置いている間に体を洗っちゃおうかな〜！
長く放置する ≠ より浸透する ではないの
商品に記載されている推奨時間分置いてね
放置しすぎると、ヘアマスクの油分でベタついたり乾きづらくなるので注意！

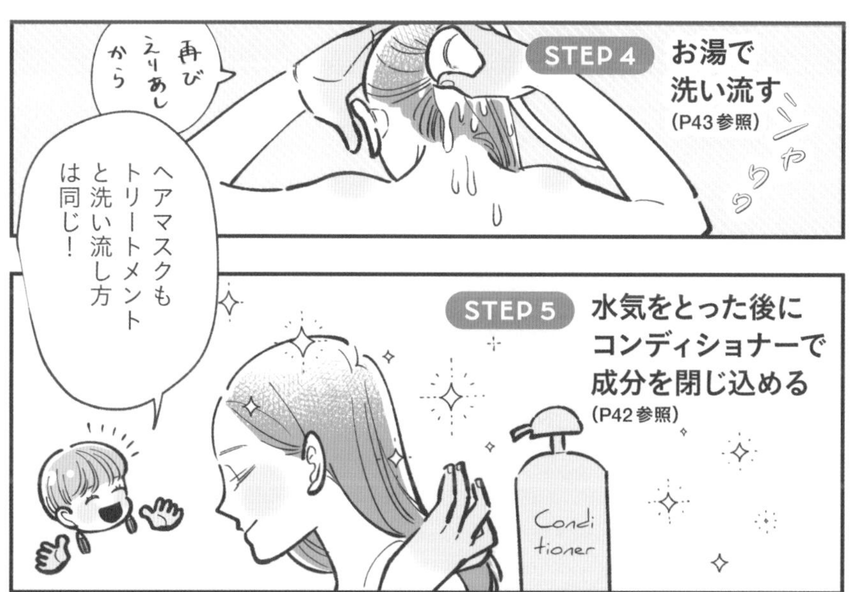
STEP 4
お湯で
洗い流す
(P43参照)
再び えりあしから
シャワワ
ヘアマスクもトリートメントと洗い流し方は同じ！
STEP 5
水気をとった後に
コンディショナーで
成分を閉じ込める
(P42参照)
Conditioner

髪が傷んでいたり
悩みがある人だけ
スペシャルケアとして
週2～3回くらい
取り入れるといいわ

Sun Mon Tue Wed
ヘアマスク ヘアマスク
いつものケア
Thu Fri Sat
ヘアマスク
いつものケア

メーカーが週一の
使用を推奨して
いるものは週一
でもいいわ！

全員がしなくても
いいんですね！

Simple is Best

あまり
ケア手順が多すぎても
しんどくなっちゃうしね

シンプル
イズベスト！

…よ♡

たしかに…

ちなみに
おすすめのヘアマスク
ってあったりしますか？
傷みがすぐなおる商品とか…
そうねぇ…
アイテム全般に
いえることだけど
同じシリーズの
ラインナップで
そろえるのが
一番いいわ！
同じラインのアイテムでそろえる
A社のシャンプーとトリートメントにB社のヘアマスクをプラスアルファ

企業の開発者がこのシャンプーはこの成分だからヘアマスクはこの成分で補完する！ って考えて作っているからね
シャンプーにはA成分をいれたからそれと相性がいいB成分をヘアマスクに…

変に悩むよりもそのほうが効果的なのよ
その考え方のほうが楽ちんなんでうれしい♡
最近気に入ったシャンプーの香りを見つけたので同じラインのヘアマスクを買ってみます！

ちなみに…
?
come come

ヘアマスクは必要な人のみでいいけど実はみんなに効果的なケアがあるのよ！
えっ！なんですか？
気になる！

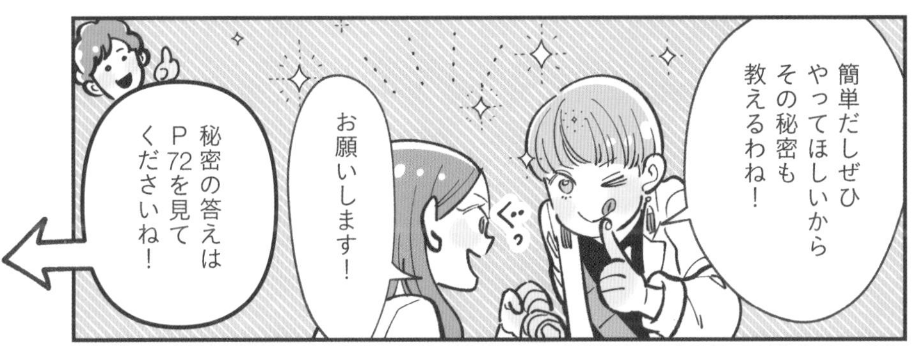
簡単だしぜひやってほしいからその秘密も教えるわね！
お願いします！
ぐっ
秘密の答えはP72を見てくださいね！

休日は家でゆっくりしながら**トリートメントパック**を

たっぷり塗り込み、あとは好きに過ごしちゃって

忙しい日々をかけ抜けて、待ちに待った休日。今日は外出せず、家で少しのんびりしたい！　そんなときに髪のスペシャルケアができたら最高だと思いませんか？　そんなおいしい話が……あるんです！

まず、いつも使っているトリートメントや保湿用のヘアミルクなどを用意しましょう。それを通常の倍量ほどたっぷりと髪に塗ります。事前に髪を濡らす必要はありません。**地肌を避けながら、乾燥した毛先を中心にそのまま塗り込みましょう。**髪の長い人は塗った後にクリップでまとめてもOK。これでしばらく放置！　そのままの状態で、好きなアーティストの動画を楽しむなり、たまった家事をどんどん片付けるな

家事の合間にできるお手軽ヘアケア！

り、思い思いの時間を過ごしてください。その間に、トリートメントはどんどん髪に浸透してくれます。そして1時間ほど置いたら、シャンプーで洗い流しましょう。サロン専売品など高品質の商品なら、そのまま入浴時まで放置しても大丈夫。ただし、地肌についた場合は早めに洗い流してください。

美容室のように熱を使って、トリートメントの成分をしっかりと浸透させるスペシャルケアは、なかなか家庭では真似できません。でもその分、時間をかけてしっかり「ゆとり美容」をすれば家でも効果を得られるのです。

まとめ
スペシャルケアは難しく考えないで。あえての「ほったらかし」ケアが◎。

episode. 06

スカルプマッサージで頭皮をさらに健康に！

う〜ん…
頭と肩が
こってる…

スカルプマッサージの手順

じゃあ
やっていく
わよ〜!

ほぐす

引き上げる

押す

全体の流れ

①頭皮の全体を
手のひらでほぐす
②頭皮の引き上げ
③頭頂部を押す

の3つを組み合わせる

STEP 1
頭皮全体を手のひらでほぐす
手のここを使う！
・両手のひらを使う
・頭を挟んだり
押したりしながら
頭皮を動かす
それぞれ
3〜5回
くらい行なって
いくわ！

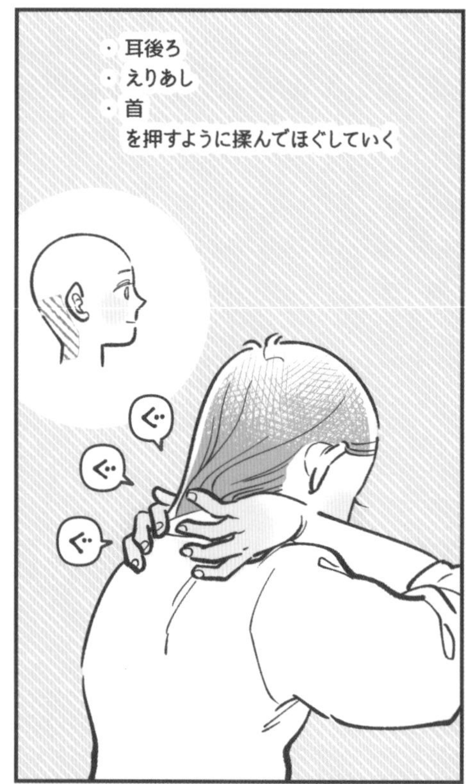
・耳後ろ
・えりあし
・首
を押すように揉んでほぐしていく
ぐ
ぐ
ぐ

・耳上
・耳上前後
・側頭筋
を挟んでほぐしていく

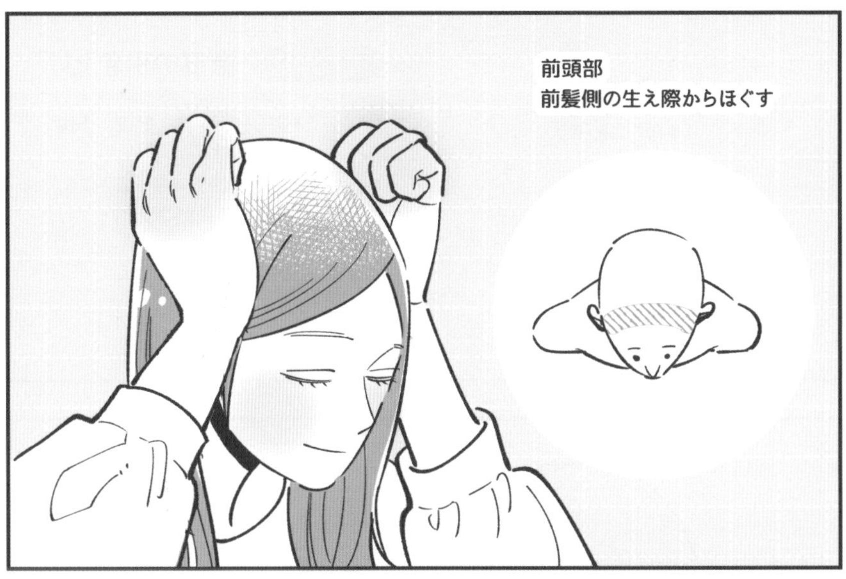

頭頂部
両手を重ねて前後左右に
動かしてほぐす

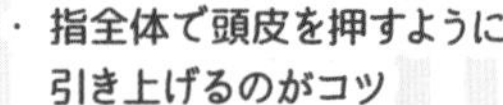

頭皮の引き上げ

・人差し指、中指、薬指、小指の4本を使う
・指全体で頭皮を押すように引き上げるのがコツ

・生え際から頭頂部にむかってゆっくり頭皮を引き上げる
・円を描くようなイメージで
・耳上から頭頂部、耳後ろから頭頂部、こめかみから頭頂部と位置を変えながら同様に引き上げる

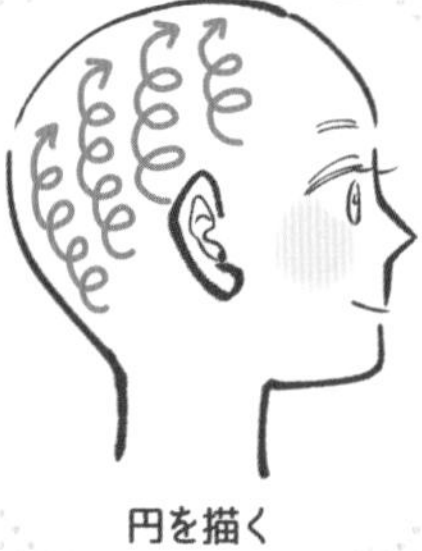

円を描く

生え際から少しずつ位置を変えて引き上げるの！常に頭頂部にむかってやっていくわよ

手のここを使う！
STEP 3 頭頂部を押す
・指先を使う
・頭頂の中央
「きもちいいと感じる部分」を
1カ所につき3秒押す
・息を吐くタイミングで押す
深呼吸しながらするとリラックス効果があるの！
ぴっ
ふー…

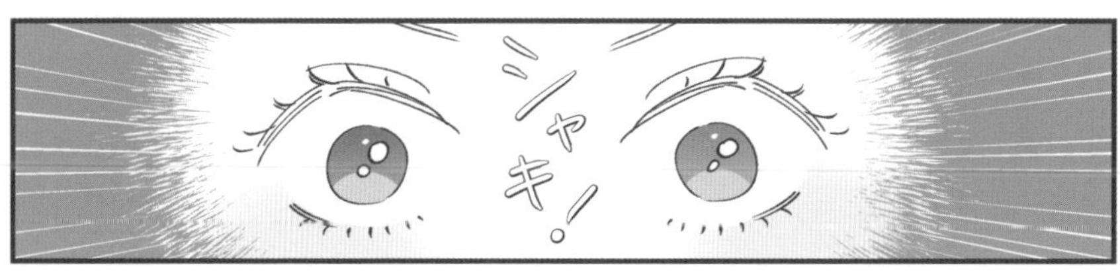
シャキ！

なんか頭がシャキっとしてきた！今なら集中して仕事できそう！
仕事に戻ろう！
グッ

休日は「お風呂でしっかり保温」して頭皮の血行をさらにアップ！

体を芯から温める入浴法がおすすめ

時間に余裕のある休日は、ゆっくりバスタイムにしませんか？　頭皮のマッサージ（スカルプマッサージ）と組み合わせておうちでスパ気分を味わっちゃってください。

このとき、ぜひ取り入れてほしい入浴法があります。それが「HSP（ヒートショックプロテイン）入浴法」。HSPとは、人間をふくめた多くの動物が持つ、ストレスから身を守るためのタンパク質のこと。これを増やすための入浴法で、免疫力アップ、疲労の軽減、運動での筋肉痛の軽減、紫外線ストレスによる日焼けの予防、酸化ストレスによる皮ふや血管の老化などにも効果的だとされています。頭皮はもちろん、体全体の血行も促進され、美髪作りにもぴったり。具体的な方法は次の通りです。

HSPが体にもたらすよい影響

入浴時に好きな香りのオイルなどを入れるのもOK！　自律神経が整うと、髪にもいい影響があります。

- 抗炎症作用
- 血行、代謝をよくする
- 免疫力の向上
- 肌のハリを高め、肌荒れ・シミを防ぐ
- ニキビ、吹き出物の炎症を抑える
- 毛母細胞を修復する
- 育毛効果

毎日実践してしまうと、体が慣れてしまうので、週1〜2回ぐらいを目安に！　ただし、心臓疾患など疾患のある方は医師に相談してからにしましょう。

①40℃のお湯なら10分、41℃なら10分弱入浴する（温度はお好みで選択）。

②出た後は体が冷えないよう衣類を身に着け、暖かくしておいた部屋で最低10分、体を保温する。飲み物は常温、もしくはホットにする（脱水症状に要注意）。

体調を見ながら無理をせず、半身浴でも大丈夫です。おすすめの入浴剤は、体を温める「ヨモギ湯」。この場合の入浴も40℃を10分でOK。重曹を加えれば、お湯にふくまれる塩素の影響が和らぐため、肌にも髪にもいい効果があります。

まとめ
休日は体をしっかり温める入浴法でおうちスパ気分を味わおう。

episode. 07
ヘアブラシを使ったスカルプマッサージも効果的

ヘアブラシを使ったスカルプマッサージ

STEP 2 ブラシを頭皮に斜めに当てながら下から上へブラッシング

- ブラシを頭皮に斜めに当てる
- 百会と呼ばれる頭頂部のツボにむかって全体的に下から上へとブラッシング

百会

ナナメあて

※毛先までいかない
あくまでも頭皮のみ

毛穴をいろんな方向に動かすことで血行促進されるし汚れもたまりにくくなるの

STEP 3 ブラシの全面を耳上、耳後ろに押し当てる

ぐり
ぐり
・耳の上のこめかみあたりにブラシをぐりぐりと押し当てる
・こめかみあたりにたまった老廃物を流しやすくする

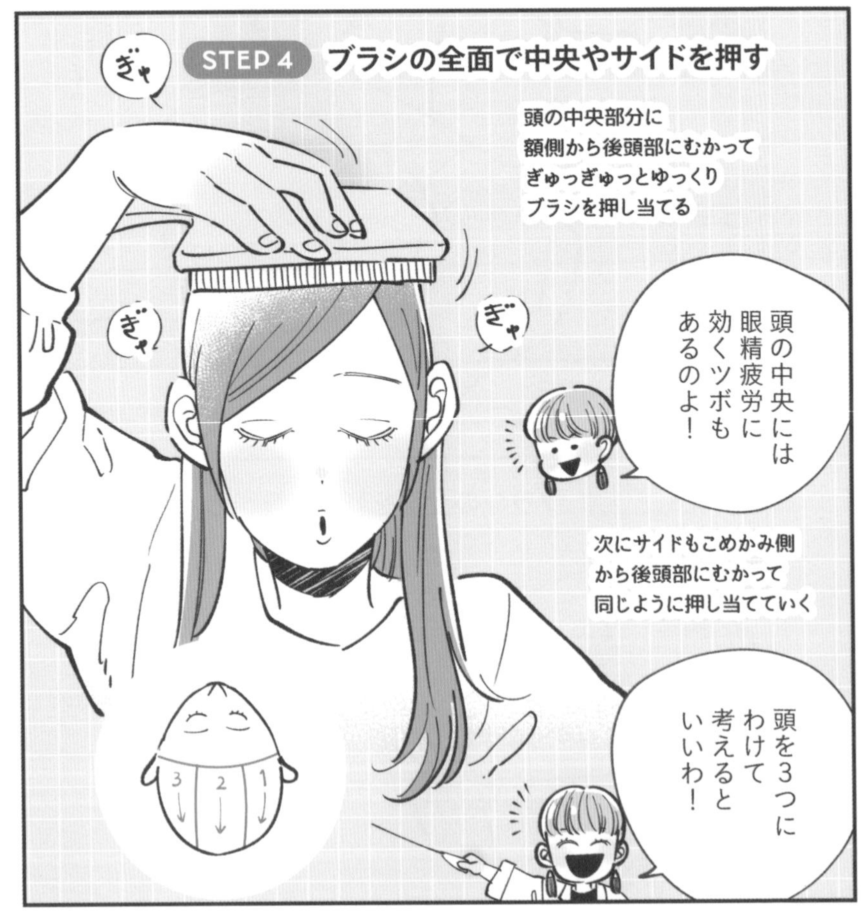

耳の後ろ側も
ぐりぐりと押し当てて
コリをほぐし
リンパが流れやすくする
ぐーり
ぐーり

STEP 4 ブラシの全面で中央やサイドを押す

ぎゃ

頭の中央部分に
額側から後頭部にむかって
ぎゅっぎゅっとゆっくり
ブラシを押し当てる

ぎゃ

ぎゃ

頭の中央には
眼精疲労に
効くツボも
あるのよ！

次にサイドもこめかみ側
から後頭部にむかって
同じように押し当てていく

3 2 1

頭を３つに
わけて
考えると
いいわ！

STEP 5 ブラシ全体で後頭部を軽く叩く
頭全体をポンポンとリズミカルに軽く叩いてリンパを流す
ポン
ポン
リンパの流れがよくなって頭が軽くなるのが実感できるはず！
ポカポカしてきた〜

気づいたときにできるスカルプマッサージ
髪のスペシャルケアってなんだか自分を労っているって感じがしますね…

なんだか髪がツルンとしたというか…おさまりがよくなった…？
それに血行促進で顔色もよくなった気がします
Wow

規則正しい生活習慣もキレイな髪作りの一環

髪の原料「タンパク質」、足りていますか？

ツヤのある美しい髪を育むには、規則正しい生活習慣がマスト！「そんなの知ってるよ」という声が聞こえてきそうですね。良質な睡眠、栄養バランスのとれた食事、適切な運動習慣……わかっていても、実行するのは容易じゃない。でも完璧を目指す必要はないのです。髪にいいポイントを知って、かしこく取り入れましょう。

まず栄養面で不可欠なのは髪の原料である「タンパク質」です。食事で摂ったタンパク質は生命維持に不可欠な筋肉や内臓などに優先して使われ、髪や肌、爪は後回しにされがち。**不足すると乾燥や切れ毛など髪のトラブルにつながります。**1食あたり20gを目安に肉や魚、卵、大豆製品などをバランスよく摂るように意識しましょう。

髪におすすめの栄養素と食材

タンパク質

マグロ・カツオ・鶏ササミ・豚ヒレ肉・青魚・大豆製品・卵・黒ゴマ

ビタミンB2

牛レバー・豚レバー・鶏レバー・ブリ・うなぎ・納豆・ほうれん草

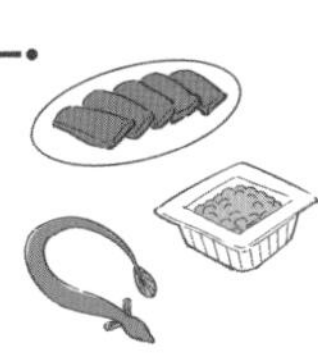

ビタミンE

アーモンド・アボカド・かぼちゃ・ゴマ・ツナ缶・卵

亜鉛

生牡蠣・煮干し・豚レバー・牛ロース・カシューナッツ・きな粉

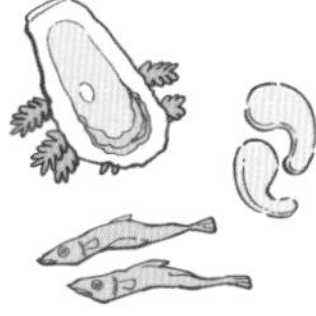

また、東洋医学では髪は「血余（けつよ）＝血の余り」と呼ばれます。血の量が充実していることで、美しい髪が育まれるのです。血を増やすために必要なのは、やはり十分な睡眠。食事ではマグロやカツオなどの赤身魚やレバー、黒ゴマなどを摂るとよいでしょう。

ちなみに「髪にはワカメがよい」という説がありますね。ワカメはミネラルが豊富でヘルシーな食材ですが、髪に直接作用するわけではありません。摂りすぎはかえって健康に悪影響も。ほかの食材と同様に適量を守りましょう。

タンパク質の摂取と十分な睡眠を意識して。

episode. 08

自分流のヘアケアレシピを作ろう

そういえば由美ねぇも…
忙しい日
スカルプマッサージでノーシャン
ヘトヘトー…
汚れが多い日
アスレチックで砂と汗まみれ
ビフォアバスのブラッシングとヘアマスクで集中ケア
社外で打ち合わせがある日
前日夜はノーシャンで朝にシャンプーとトリートメント
ブラッシングがきもちよくて気に入った旦那さん
髪が最近いいかんじなんだよね～
いいね!
今週はバランスよくヘアケアできたな

妹も毎日ケアを考えるのが楽しいっていってたし…
2人ともすっかりヘアケアの虜ねトリコ
わかる！だってわかりやすく効果が出てくれるからうれしくなっちゃうのよね～

今日はせっかくの予定がない週末だから…
スペシャルケアしようっと！

お昼からお風呂にはいって血行促進～頭皮から健康に～♪
今日はこれにしよ
お引っ越し祝いにもらったバスボム～♫

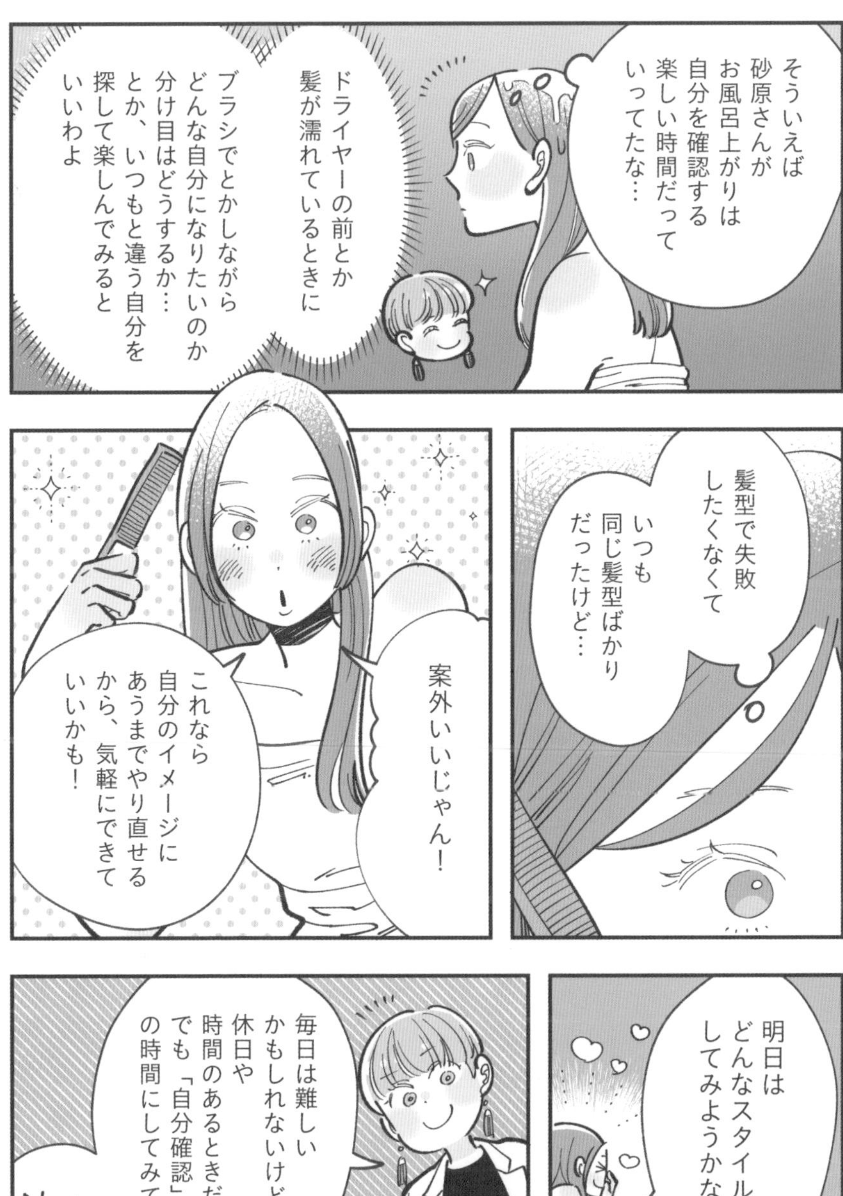
そういえば
砂原さんが
お風呂上がりは
自分を確認する
楽しい時間だって
いってたな…
ドライヤーの前とか
髪が濡れているときに
ブラシでとかしながら
どんな自分になりたいのか
分け目はどうするか…
とか、いつもと違う自分を
探して楽しんでみると
いいわよ
髪型で失敗
したくなくて
いつも
同じ髪型ばかり
だったけど…
案外いいじゃん！
これなら
自分のイメージに
あうまでやり直せる
から、気軽にできて
いいかも！
明日は
どんなスタイルに
してみようかな
毎日は難しい
かもしれないけど
休日や
時間のあるときだけ
でも「自分確認」
の時間にしてみてね
Next
自分が
見つかるわ！

自分の生活・悩みにあった美髪作りの習慣をチョイス

無理しない「シンプルヘア革命」で美髪になる

ヘアケアにおいては「やりすぎない」という選択もすごく大事です。自分の髪質を知り、髪にあったヘアケアだけセレクトする「シンプルヘア革命」だけでも実は十分なんです。髪が傷んでいない人がヘアマスクをする必要はないですし、特に悩みがないなら、普段の予洗いやシャンプーの方法を正しく実践するだけでOK。また、ライフスタイルにあったヘアケアも大切です。できることをできるタイミングで取り入れてみて。

本来、髪がキレイに生まれ変わるためには、半年以上の時間がかかります。ただし、ヘアケアをした翌朝は少し手触りがよかった、などのちょっとした変化はすぐに実感できます。そんな変化を楽しみながら、自分にあったヘアケアを見つけてくださいね。

里美のウィークリーヘアケアレシピ

髪の傷みに悩む里美の1週間のヘアケアを見てみましょう。
自分の悩みや髪質、生活にあったヘアケアレシピを
考えられるようになると、ラクに続けられる美髪習慣が身につきます。

	スケジュール	ヘアケア内容
Mon	残業でヘトヘト……。	ノーマルケア（シャンプー・トリートメント）のみ。
Tue	在宅勤務デイ。早めに就寝！	少し時間があったから、ブラシマッサージと夜はヨモギ湯で血行促進！
Wed	今日は18時に業務終了！ ごはんは由美ねぇのお家で。	ヘアマスクを追加！
Thu	午前中は社内の会議に参加。 午後は取引先と打ち合わせ。 忙しかった……。	緊張感のある会議だったので、ランチタイム中にスカルプマッサージ。 夜はノーマルケア。
Fri	職場の飲み会に参加。 久しぶりに終電近くまでみんなでワイワイ飲んだ。	明日は休みだから、 お気に入りの入浴剤を入れたお風呂でゆっくりリラックス。予洗いのみ。
Sat	1日お家でゆっくり休日。 掃除や洗濯などたまった家事を片付けた！	家事をしながら、 日中のトリートメントパック。
Sun	友だちとランチ♪	スカルプマッサージとHSP入浴を追加して、気分をリフレッシュ！

なんでもかんでも、いいといわれている
ケアや商品を取り入れるのはNG。
あくまで、自分に必要なものだけを取り入れてね。

COLUMN

白髪を発見！　染めたほうがいい？

白髪は絶対に抜かないで！

初めて自分の髪の毛に白髪を見つけたときの衝撃！　経験したことのある人ならば、誰もが忘れられないのではないでしょうか。体質的に10代の頃から白髪のある人もいますが、通常は30代前半からちらほら生え始めるのが一般的です。白髪を見つけるとつい抜いてしまう、という声をたまに聞きますが、絶対にやめてください。何度も抜き続けることで毛球が傷み、生えてこなくなるケースも！

私は、見える範囲の白髪がどうしても気になる……という方には、「白髪染めを始める」ことをおすすめしています（もちろんグレイヘアを目指したい人には、キレイなグレイヘアになるための方法をお伝えしています）。ですから、まだ白髪が数本程度という人は、「白髪の根元から切ってしまう」のがいいでしょう。ただ、内側などの目立ちにくい場所の白髪は「次の美容室の予約まで待つ」のも一案です。自分のなかで「５本までは許そう」などの基準を決めて、ポジティブに「見て見ぬふり」をすることも、精神衛生上、大切。それでも「やっぱり気になる！」という場合、数本程度ならば市販のマスカラタイプの白髪染めを試してみるのもいいですね。

すでに白髪染めをしている人で、美容室で染めて数週間経つと根元が気になりだすという場合は、根元だけを自宅で染めてもＯＫ。その際は、毛束を１センチ幅単位で細かくとりながら丁寧に塗布していくのがコツ。薬剤は、ハケ全体ではなく「先端だけ」にのせると、根元だけをしっかり狙うことができますよ。

どうする!?髪の悩み対策とヘアセット

髪をキレイにするために毎日のヘアケア以外も意識してみましょう。
さらに、傷み・うねり（くせ毛）・ボリュームがない（髪が細い）といった代表的な悩みの解決方法も紹介。

episode. 09

髪の悩みは過去からやってくる!?

半年前は忙しかったのねぇ…

まず気をつけたいのは紫外線!

季節問わず紫外線は髪を傷める原因になるわ

髪を傷める原因① 紫外線

髪を守るアイテム

UVカットの帽子
通気性のいいものを選ぶ

日傘
UVカット仕様のものをチョイス

髪に使える日焼け止めスプレー
SPF50以上のものを使用するのがおすすめ

髪を傷める原因② 乾燥
乾燥も大敵！冬は最も髪が傷みやすいシーズンなの
パッサ
パサ
冬に何もしなかったせいで…

お風呂上がりにオイルとかアウトバスのヘアケアアイテムをなるべくつけるようにしてね
Oil

あと冬は日中にハンドクリームを使ってる人も多いと思うけど同じように髪にもバームなどを塗るといいわ
バーム？

バームは天然の脂質やオイルが固形状になったものよ！持ち運びしやすいものもあるわ
Balm

それにバームは顔や全身に使えるものもあるから便利よ！

季節によって使うアイテムを変えると気分転換にもなるの
ふむふむ…

夏なら
さっぱり使える軽い質感と
爽やかな香りのヘアケア
アイテムを使うと
リフレッシュできるし

冬は保湿重視の
重い質感や
こっくりした香りの
ものを使うのがおすすめ

冬は乾燥でパサつくから
「ちょっと重すぎるかな?」
と思うくらいのものが
ちょうどいいの

好きな香りは
リラックス効果も
得られるから
季節に応じて
好きな香りや
質感のものを
探してみてね

髪を傷める原因③　冷え
あとね 女性は冷え性の 人が多いけど…
はーい
あ 私も 夏でも 手足の先が 冷たくって…
体が冷える＝頭皮の 血流も悪くなる！ だから体の冷えは 髪にもよくないの
ポヤ
シャワーだけで すまさず 毎日湯船につかって 体を温めるとか
ポヤ
体を温める効果の ある漢方を飲むのも 髪によい影響があるわ
日頃から 体が冷えない ようにする 習慣作りが大切！
白湯も いいね！

体の外側からも
内側からも
日常的にケア
することで
髪を守れるの
半年後に
泣いて対処
したって
なかなか
取り戻せ
ないのよ
ゴ…… ゴクリ……

普段から先回りして
ケアをすることが大切よ
それに髪は正しい
ケアをすればするほど
きちんと応えてくれるわ!

やっぱり
美は継続なり
か
頑張ろうっ…と
じっ

今ヘアケアを
とっても
頑張ってるから
半年後は…♪
ワクワク
ぐっ

白髪、薄毛、産後の抜け毛……髪のトラブルの原因はホルモンバランス!?

白髪の悩みは食事面からケアしよう

女性の多くは30代半ばから髪に変化を感じます。加齢によるホルモンバランスの乱れにより髪のツヤ・ハリが失われやすく、薄毛が気になりだすケースも。なかでも代表的な悩みが「白髪」でしょう。最近ではグレイヘアの美しさも見直されていますが、対策したい方はまず食事から見直してみて。そもそも白髪とは、髪の根元「毛球」にあるメラノサイトで、メラニン色素が作られなくなったことにより起こるもの。メラニン色素を作るには十分な栄養素が必要なため、栄養バランスのとれた食事は必須です。タンパク質だけでなく、メラノサイトの活性化に必要なカルシウムや銅の摂取も意識してください。

女性ホルモンの分泌量による髪への影響

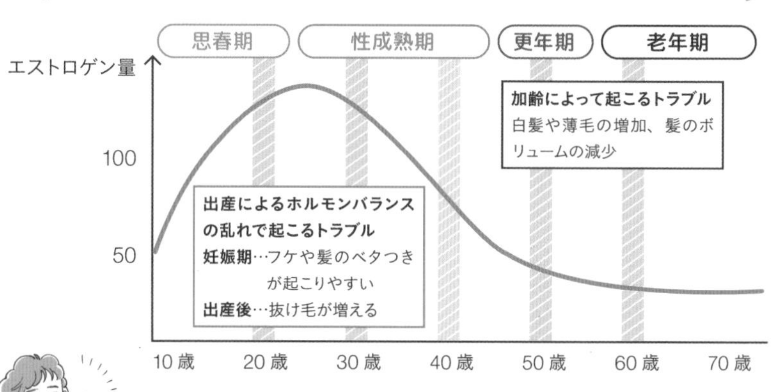

男性の悩みで多いのが薄毛。これは男性ホルモンが影響しているといわれていますが、遺伝的な要素も強いようです。男性も、まずはスカルプマッサージなどで頭皮の血行促進に取り組んでみましょう。

ホルモンバランスの乱れで起こるトラブルとして、出産後の抜け毛もあります。これは産後半年をピークに落ち着き始め、約2年でもとに戻るとされますが、30代半ば以降に出産した場合は、加齢による髪の変化のタイミングと重なることで、なかなか復活しないと感じる場合もあるかもしれません。どちらもホルモンバランスを整えるには、土台としての生活習慣を整えるのが先決です！　マンガで紹介したように、季節別のケアも意識してみるといいですよ。

まとめ

ホルモンバランスと髪は大きく関係する。自分を労る習慣を取り入れて！

episode. 10

スタイリング剤はどう使いわけるのがベスト？

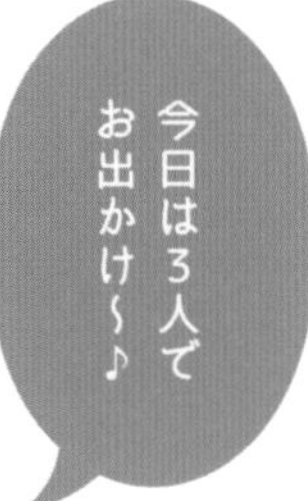

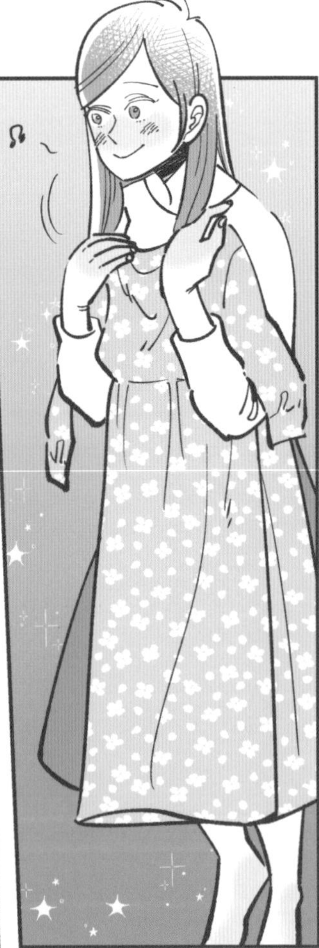

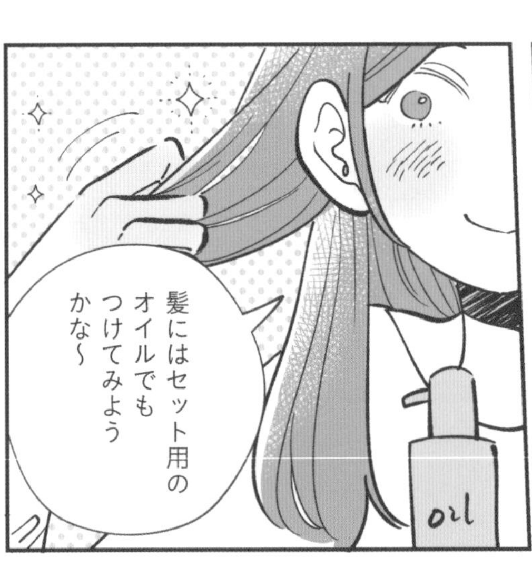

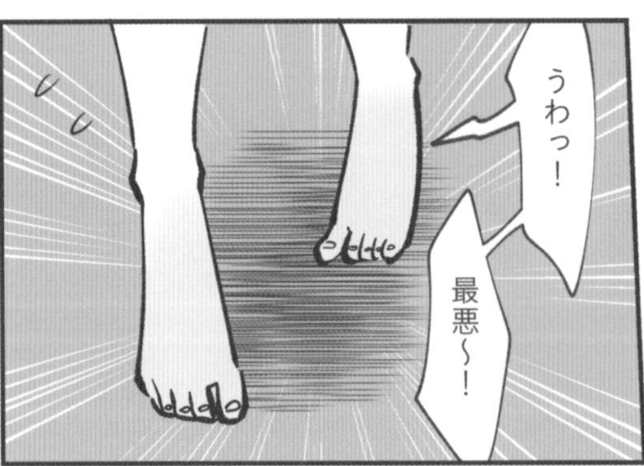

ちょっと〜
準備まだ!?
ガチャ

ベチョォォ…
うわっ!
里美ねぇ
髪どう
したの!?

なんかオイル
つけすぎちゃった
みたいで…
お風呂はいってない
人みたいに
なってるの――!
ベタギトォォォ
ええ〜!
もう行こう
よ〜!
もっかい
シャワー
浴びたい

あら
今日も
仲良し
ね〜!
砂原さん!
お姉ちゃんの
髪の毛どうにか
してください!

あら!
オイルを表面に
べっとり
つけちゃった
のね!?
しっとり
とにかく
ツヤツヤに
なるかなと
思って…
スタイリング剤には
正しいつけ方が
あるのよ!

スタイリングで大事なのは土台作り！
内側にスタイリング剤をつけてヘアセットの「土台」を作ってから表面を整えていくのがコツ

よく表面だけにつける人がいるけどベタベタになるしヘアセットがうまく決まらない原因なのよ
じっとり

オイルの場合セミロング～ロングの人は3プッシュくらい手にとって…
結構量多いんですね！
基本はスタイリング剤に書いてある適量を参考にするといいわ
3push

まずは手全体に伸ばして体温で温めていくわ温めるとオイルが伸びてムラなく髪にもなじみやすくなるの
バームやワックスもいっしょよ！
Wax
Oil
Balm

指の間まで伸ばすのがポイントよ！

スタイリングの手順

STEP 1
髪の後ろ（えりあしあたりの髪）から揉み込むようにつける
表面
③
③
②
①
STEP 2
サイドの髪の内側に揉み込むようにつける
タイトにしたいなら①②の土台作りで髪を押さえつけるように
STEP 3
顔周りや表面、毛先を整える
ツヤ感をもっと足したいなら3ステップ目で追いオイルをするといいですね

スタイリング剤って
色々ありますけど
どう使いわけると
いいんでしょう？

基本は
オイル・バーム・
スプレー・ワックスを
自分がなりたい
イメージに応じて
使いわけてみて

オイル

Oil

wet

oil

・髪が多く、硬めの人におすすめ
・セット力はほとんどないが
自然な束感が出せる
・濡れたような質感が出せる
・ツヤ感を出すことができる

髪が細い人や
薄い人は
のっぺり
しちゃうから
毛先中心に
軽めのオイルを
つけるくらいで

バーム

Balm

Balm

・髪が多く、硬めの人におすすめ
・広がりを抑えつつ、
束感を出しやすい
・ボディケアに使えるものも多い

扱いやすいから
使う人が
増えているわ！

束感

スプレー
Spray
しっかりヘアセットしていないときは全体じゃなくて顔周りに使うほうがナチュラルで今っぽいわね
・セット力の強いものが多いがセット力のない、ツヤを出すためのスプレーもある
・顔周りやヘアセットをキープするときに便利

ワックス

Wax

ドライな質感の軽さを出せるワックスは髪が薄い人や細い人におすすめ！

髪が重たい、長い人はソフト系やミルク系のワックスがいいわ

wax

- クリームやファイバーなどさまざまな質感があり、セット力もライト〜ハードまで種類がある
- ほかのスタイリング剤と比べるとスタイルキープ力が強い
- 前髪を流すときや動きをつけるときに便利

ワックスは
くせ毛の人が
うねりを活かした
ヘアアレンジを
する場合にも
おすすめよ！
ピク

優里ちゃんのくせ毛＝
個性を活かすためにも
長年続けてた
縮毛矯正をやめて
取り入れてみて
ほしいわ！
縮毛矯正も
とれかけて
きてるし
ね

スタイリング剤を
変えるだけで雰囲気も
変わりますね！

あとは
スタイリング剤の前に
ヘアアイロンで毛先や
前髪、サイドの髪を
ちょっと巻くだけでも
雰囲気が変わるのよ

いいじゃん～
かわい～♡

どうなりたいかを想像してスタイリング剤を使いわけるのが大事なのよ
いろんなアレンジに挑戦してみて！

きゃっ
こういう感じにしたいんですけど…
これは髪全体にバームをなじませて…
ふむふむ
きゃっ
きゃっ

スタイリング剤は「目指すイメージ」でチョイス

流行のスタイリング剤が正解じゃないことも

バームやオイル、ワックス、スプレー……「スタイリング剤」と一言でいっても、多種多様。そして、ヘアスタイルのトレンドの変化にともない、主流のスタイリング剤も移り変わります。近年はウェットなスタイルがトレンドのため、オイルや適度にツヤが出るバームも人気。流行のスタイリング剤はSNSやメディア、店頭でよく目にするので「なんとなく」手にとる人は多いかもしれません。

でも、ちょっと待って。その「人気のスタイリング剤」で本当にあなたの望むスタイルを実現できますか？　目指すゴールが「髪に動きを出したい」ならワックス、「前髪を固定したい」ならスプレーが最適解かもしれません。トレンドかどうかは置いて、

自分に最適なスタイリング剤ってどれ？

	スタイリング剤	特徴	髪型
キープ力高め	ワックス	さまざまな質感のものがある 髪の毛に動きをつけられる ボリュームアップにも効果的	ショート〜ボブ◎ 特にショートにおすすめ ミディアム以上なら、毛先の動きを出すのにおすすめ
	スプレー	キープ力があるものが多い エアリー感を出せる商品もある 前髪や崩れやすいセットの仕上げに最適	パーマ・巻き髪 前髪セット・アップヘア
	ジェル	しっかり固まってヘアスタイルをキープできる ウェット感も演出できる	ベリーショート〜ショート
	ムース	キープ力がある ほどよいツヤと軽い仕上がりになる パーマやうねりを活かすときにおすすめ	全ての長さにOK パーマセット・うねりを活かす
自然なセット	バーム	少量なら自然なツヤ感が出る 多めならウェット感を演出できる リップや手など、体に使用できる商品もある	ショート〜ミディアム◎ ロングの人は前髪や毛先だけなど、ポイント使いがおすすめ
	オイル	ボリュームを抑え、まとまりのあるツヤ髪になる	ボブ〜ロング
	クリーム	まとまりのあるツヤ感が出せる オイルよりも自然で柔らかい質感になる	パーマ ボブ〜ロング

上の表を参考に自分にあったスタイリング剤を探してみましょう。

また、スタイリング剤だけではアレンジに限界があるので、自分で色々試したいならストレートアイロンもおすすめ。カールアイロン（コテ）よりも難易度が低く、初心者向けです。ストレートに整えるだけでなく、自然な毛流れも作れます。上手に使うコツは一度で流れを作ろうとしないこと。軽い力で流したい方向に、3回程度アイロンを通して仕上げれば、誰でも簡単にニュアンスのあるスタイルを作ることができるはずです。

まとめ

まずは自分の目指すスタイルを固めて。そのうえで最適なアイテムを選んでみて。

episode. 11

傷みやうねり、髪の悩み別のレシピが知りたい！

ヘアケアも
ヘアセットも

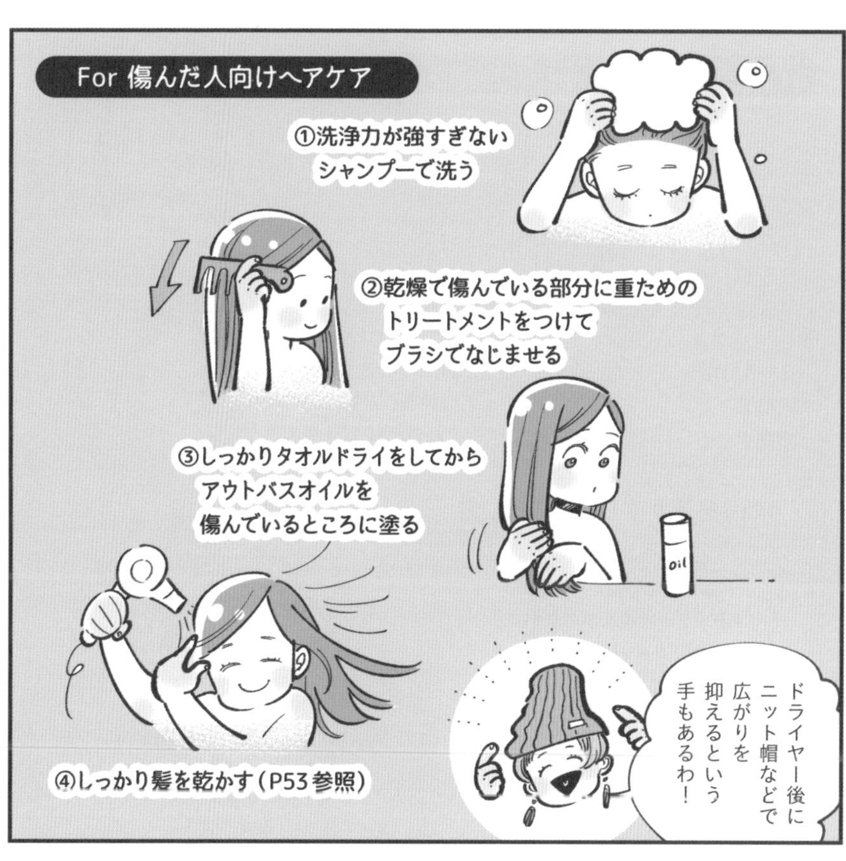

For 傷んだ人向けヘアケア

①洗浄力が強すぎないシャンプーで洗う

②乾燥で傷んでいる部分に重ためのトリートメントをつけてブラシでなじませる

③しっかりタオルドライをしてからアウトバスオイルを傷んでいるところに塗る

Oil

④しっかり髪を乾かす(P53参照)

ドライヤー後にニット帽などで広がりを抑えるという手もあるわ!

For 傷んだ人向けヘアセット
おすすめスタイリング剤
・ツヤの出るオイル
・バーム
・クリーム
oil
スタイリング剤は保湿力が高いものを使ってね
ツヤのあるウェットな質感にすると傷みが目立たず今っぽい印象に

For うねり髪（くせ毛）向けヘアケア

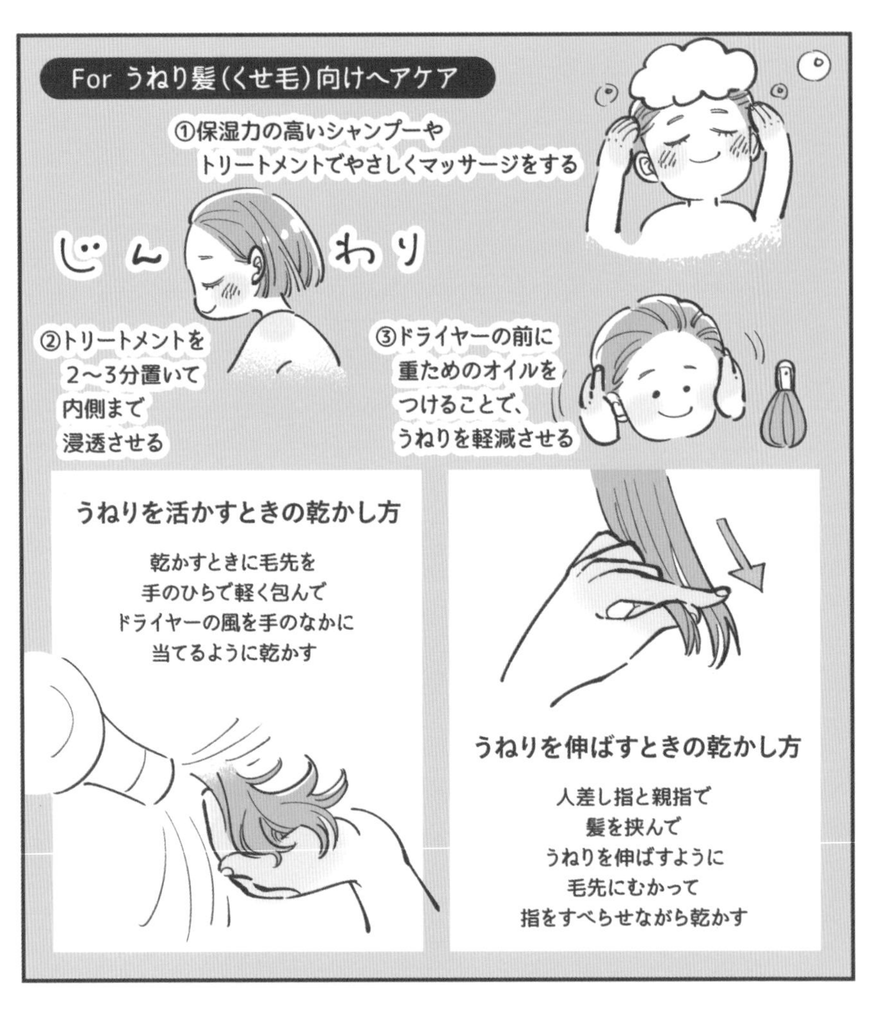

①保湿力の高いシャンプーや
トリートメントでやさしくマッサージをする

じんわり

②トリートメントを
2〜3分置いて
内側まで
浸透させる

③ドライヤーの前に
重ためのオイルを
つけることで、
うねりを軽減させる

うねりを活かすときの乾かし方

乾かすときに毛先を
手のひらで軽く包んで
ドライヤーの風を手のなかに
当てるように乾かす

うねりを伸ばすときの乾かし方

人差し指と親指で
髪を挟んで
うねりを伸ばすように
毛先にむかって
指をすべらせながら乾かす

For うねり髪（くせ毛）向けヘアセット

For ボリュームがない人向けヘアケア

①頭皮ケア中心のシャンプーやトリートメントを選ぶ

②スカルプマッサージをしっかり行なって頭皮の血行をよくする

③軽めのアウトバスオイルを塗る

ボリュームを出す乾かし方

ふんわり感を出すために
いろんな方向から下からあおるように
ドライヤーの風を当てて乾かす

いろんな方向から…

ボリュームがない人は乾かし方がとっても大切よ！

For ボリュームがない人向けヘアセット
おすすめスタイリング剤
・ワックス
・硬めのバーム
軽めの質感でキープ力があるスタイリング剤で動きを出すのがおすすめです
wax

乾かし方ってすっごく大事なんですね
美容室でスタイリングしているのを見るのも大切ですがドライヤーの使い方を見ておくといいですよ
特にうねりとボリュームで悩んでいる人は乾かす段階が髪のスタイリングを決めるといってもも過言ではないの！

あと、ヘアセットは髪質由来だけじゃなく自分のなりたいイメージにあわせてできるようになるといいわね！
ツヤ感を出すためにオイルでセットしてサラツヤ感を全面に！
ドライヤーで分け目を変えつつワックスで動きを出してかっこよく！

そこまでできない…って思う人は前髪の分け目を変えるだけでもいいわよ！
髪をちょこっと切っただけだとほかの人に気づかれないけど前髪を作ると髪切ったね！っていわれることあるでしょ！
前髪の印象ってそれくらい絶大なの
イメージ変化㊅!!

髪の悩みに向きあいつつ新しい髪型やセットの方法を発見するのって楽しいですね！
そうなのよ 行きつけの美容室で自分にあうヘアケアやセット方法を教えてもらうのはなりたい自分に近づくための近道なのよ
カラン
ありがとうございました!!
カラン
せっかくいい感じにセットできたから…
今から気を取り直して3人でお出かけしよう!!
駅前に美味しいパンケーキのお店できたんだって
いいね！そこ行こ♡

髪に悩みがある人は逆転の発想でセットを楽しんで

その悩みを活かす方法を考えてみましょう

乾燥で傷んでいる髪の毛や天然パーマのうねり（くせ毛）、ボリュームが少ない毛など「自分の髪って、なんでこうなの……」と悩む人はいませんか。その場合、それぞれ最適なケアを行なったうえで、悩みを逆転の発想で活かしちゃってほしいのです。乾燥が気になる人は「ウェットなヘアスタイルを思いっきり楽しめる土台があってラッキー」なんて考えてみませんか？　バームやオイルを使えば日中の乾燥からも防げてむしろ一石二鳥です。

くせ毛ならば自分のアイデンティティの塊であるうねりを活かすのも一つ。毛先を手で軽く包み、ドライヤーの風を手のなかに当てて乾かしてみてください。

悩みを活かせるスタイリングが知りたい！

乾燥で傷んでいる人

タオルドライ後、ドライヤー前にアウトバスオイルやミルクを塗って、熱ダメージを防ぎつつしっかり髪を乾かす。スタイリング剤は好みのものを使ってOKだが、ウェットな質感が出るもののほうが、傷みが目立たない

うねり髪の人

地肌を軽く乾かして、粗いブラシで髪をとかした後に、毛先中心に水分多めのムースをつけて自然乾燥させると、自然でうねりを活かしたスタイリングになる

ボリュームに悩む人

ドライヤーがポイント。ボリュームが少ないなら、根元を乾かすときに、いろんな方向から下からあおるように風を当てる。ボリュームが多い人は、上から手で髪を押さえながら風を当てる。軽めのスタイリング剤で動きをつける

ボリューム少なめの髪なら「毛先を遊ばせるスタイルが実現しやすい」と考えます。髪を乾かすときにしっかり根元から立ち上げ、キープ力のあるワックスを揉み込み、全体にニュアンスをつけてみて。

ヘアセットを成功させるには、ウェットな状態からどう乾かすかがポイント。スタイリング剤はあくまで仕上げ＆キープの役割だと心得て。本書で紹介した方法を参考にしつつ、あなたにあったドライヤーの方法を、ぜひ担当の美容師に相談してみてください。

まとめ

乾燥、うねり、ボリューム少なめなどの悩みはスタイリングで長所に変えられる。

COLUMN

「なりたい自分」に近づける！

カラーリングをもっと味方につけて

同じ人物でも、髪色が暗ければ「落ち着いた雰囲気の人だな」という印象を与え、ハイトーンの髪色だと「明るい人なんだろう」と感じさせる。こうしたケースはよく起こります。それほどに、髪色が外見に与える影響は大きいのです。

ですから、あなたがもし「自分の印象を変えたい！」と考えるなら、ぜひ髪色を味方につけてください。

大まかにいうと、赤系やオレンジ系などの暖色系で明るく染めるほど、陽気で活発な印象に。アッシュやオリーブ系で色味を抑えるほど、落ち着きのある印象に仕上がります。とはいえ、肌や瞳の色によって「似合う色」は異なるもの。最近ではパーソナルカラー診断の資格を持つ美容師が在籍する美容室もあるため、担当の美容師に相談してみるといいでしょう。「自分はいつもこの色」という思い込みは置いておき、ぜひプロの客観的な意見を取り入れてみてください。

また、美容室に行く前に、自分自身に「人からどう見られたい？」「どんな自分でいたい？」と問いかけることも大切です。「仕事ができる人だと思われたい」「キュートな雰囲気になりたい」などなど、その答えは人によって違うはず。それをある程度考えてから相談すると、思った通りのゴールを得られやすいでしょう。あなたにとってメンターとなる美容師を探すことから始め、相談しながら自分の印象や理想を実現するための髪型作りを楽しんでいきましょう。

なりたい自分は髪型でかなえる！

実は「髪」には、人生をもっと
明るく楽しく、自分が望んだ方向に
導いてくれる力があります。
人生を変えてくれる
髪型に出会う方法を教えます。

episode. 12

自分がもっとワクワクする髪型に出会いたい！

砂原さんに教わって
ヘアケアを意識するようになって

髪の調子がいいと
ちょっと自信も出てきて
前向きになれた…！

今、とっても
人生が楽しい

ググッ
髪型を変えれば
もっとキレイに
なれるかも…！
で、でも
変えるの怖い
気もするし
なぁ…

あら…！
なんだか
複雑な顔
してるわね～
砂原さん！
私、今までイメチェン
するのが怖くて
ずっと無難な暗めの
セミロング
だったんですけど…
もっと自分を
変えたくて！
似合う髪型って
ありますか？

似合う髪型
ねぇ…
う～～ん…
そもそも
里美さんは
どんな人に
なりたいの？
え⁉
どんな自分
…??
そ、そんな
急に
いわれても

まずはね
自分が
どうなりたいかの
理想を持つことが
大切なのよ！

髪は自分の印象を一瞬で変えてくれる魔法のようなもの
そして周りもあなたの髪からあなたの印象を読み取るの
流行りに敏感なのかなーとか お堅い性格なのかなーとか 清潔感がある人だなーとか、ね

例えば仕事ができるようになりたいとか恋人がほしいとか社交的な人になりたいとか…なんでもいいの！

そうなりたい自分像を持つことが「自分にあった髪型」の本来の探し方よ！

やさしい印象の人になりたい！

なりたい自分像を考えそれに見合う髪型に変えてみる

髪型を変えその雰囲気にあった自分になっていく

周りからの印象がよくなり自分自身の内面にも変化が出てくる

自分に自信がついて人生が望む方向に変わっていく

砂原流スペキュラティブデザイン

ヘアスタイルを
変えれば
必ずなりたい
自分になれるわ

たしかに
最近明るくなったとか
喋りやすくなったって
いわれることが増えて
いて…！

たかが髪の毛
されど髪の毛
だなって…

私もっと
輝きたい！

**いろんな
自分に
出会いたい
です！**

なりたい自分像に
あわせて
似合う髪型を
提案していくのが
私の仕事だから！
任せて
ちょうだい！

なりたい自分像・髪型を考えてみよう

どうしてもなりたい自分像に迷う場合はチャートを参考にしてみてね！

どうなりたいか

元気な人 明るい人 信頼される人
個性的な人 若々しい人 モテる人 おしゃれな人
爽やかな人 エレガントな人 かっこいい人
清楚な人 洗練された人 知的な人 華やかな人

テイスト（雰囲気）

かわいい 大人かわいい 大人っぽい
クール セクシー 柔らかい スポーティ
キレイめ モード ナチュラル
ラブリー シンプル カジュアル マニッシュ

髪の長さ

ベリーショート ショート ショートボブ
ボブ ミディアム セミロング ロング

キーワード組み合わせ例

おしゃれな人

モード

ロング

↓

重めロングでモードっぽく。ポイントカラーを入れてトレンド感も意識

信頼される人

大人かわいい

セミロング

↓

こげ茶×部分的な黒がセオリー。顔周りからのレイヤースタイルで大人かわいく

明るい人

かわいい

ボブ

↓

ナチュラルカラーをチョイス。薄めに作ったシースルーバングがおすすめ

個性的な人

柔らかい

ショート

↓

分け目や束感を顔周りに作ると個性的な印象が強くなる。ハイトーンもおすすめ

若々しい人

マニッシュ

ショート

↓

チラッと見えるサイドの刈り上げで、クールさを演出するのが◎

モテる人

セクシー

ボブ

↓

暗すぎないブラウン系で。ナチュラルなウェーブでセクシーさを演出

そういえば
由美ねぇが
アシンメトリーの
前髪にしたいって
いってて…
でも
アラフォーになって
そんな個性的な
髪型をしても
大丈夫かなって
悩んでました

すごく
いいじゃない！
やりたいなら
やればいいのよ！
前に由美さんが
「仕事でもう少し
とっつきやすい
印象にしたい」って
いってたけど
カジュアルな髪型なら
それもかなえられるわ！

それに
髪はすぐに
伸びるんだし
やりたいことは
色々チャレンジ
しなきゃ
もったいない！
そうです
よね！
由美ねぇ
に伝えます
！
ぐっ

はぁい！
これで完成！
どう!?
もっと切ると
より印象
変わるわよ
わっ！
なんだか顔が
明るく見える
気がします
ありがとう
ございます！
そ、それは
まだ覚悟が
決められなく
て…

前髪の分け目を変えて
少し切って色をちょっと
明るくしただけで
印象が変わった…

ヘアスタイル
って無限
自分をいろんな
見せ方にしてくれる
手段よね

髪が変われば
気持ちも変わるし
人生も変わる

自分の人生を
もっともっと
輝かせるために
自分の人生と髪を
リンクさせてみてね
そしたら
きっと通り一遍の
髪型じゃなくて
もっとワクワクする
自分に出会える
はずよ！

自分を変えたいなら まず髪型からチェンジ

自分の印象を変えてくれる『髪型の魔法』

もしあなたが「自分を変えたい」とか「将来こうなりたい」という願いがあるなら、まず髪型を変えることをおすすめします。髪は、自分の印象を一瞬で変えてくれる魔法のようなもの。**人生は髪で変えられる**のです。心理学で有名な「メラビアンの法則」をご存じですか？　人と人とのコミュニケーションにおいては、話す言葉の内容や声、テンポなどの聴覚情報に比べ、外見からの視覚情報のほうがより大きな影響を与えるとされています。よくも悪くも、他人は目に映る姿から、あなたという人物をとらえるのです。だからこそ、なりたい自分（人に与えたい印象）を考えて、そこから逆算して髪型を決めることで、自分を変えることができます。

だとすれば、あなたは自分を「どんな人」に見せたいですか？

どんな場所でどのように輝きたいですか？

自分の理想を遠慮することなく、存分に思い描いちゃってください。信頼に足る美容師ならば、理想の姿になれるように、「あなた」という素材がもともと持っている外見の魅力（個性）と組み合わせて、最高のヘアスタイルへと仕上げてくれるはずです。

そうすると、髪を変えるだけで自分の人生が思い描いた方向に進み始めます。これこそ、まさに私が大事にしている「自分自身の未来をデザインする＝砂原流スペキュラティブデザイン」という考え方です。

これまで、私自身も美容師として多くの俳優さんのヘアメイクを担当し、無名の頃からブレイクしていく過程をずっと横で見てきました。彼らが成功したのはもちろんご本人の実力あってのことですが、その人の魅力を引き出す外見、髪型の存在が、いかに大切かを実感しています。

SNSが浸透した現代は、セルフプロデュースが得意な人がどんどん夢をかなえていく時代です。自分自身で理想を描き、髪型の力を味方につけて「見せ方」を考えて、人生に望むものを獲得していくスキルは、もはやタレントさんだけのものではありません。たかが髪型、されど髪型です。自分の人生をワクワクさせるための第一歩として、どんな自分になりたいかを考えてもらえるとうれしいです。

前髪を変えるだけでも印象は変わる

とはいえ、自分を変えたい気持ちはあっても「理想なんていきなり思い描けない」という人もいるかもしれませんね。ならば、まず前髪から変えてみませんか?

前髪の変身効果は絶大です。長さをたった1センチ変えるだけでも全体の印象を大きく変えてくれます。ワンレンスタイルの人が前髪を作ると、もうまったくの別人。間違いなく周囲の人から「前髪作ったんだ!」といわれるでしょう。近年は薄めのシースルーバングがトレンドですから、それを真似るだけで流行に敏感な人だと印象づけることができるはず。大人っぽさを演出したいならノーバングの長めの前髪に、モードに見せるなら幅広く切りそろえたワイドバングにするのがおすすめです。

同じミディアムヘアでも前髪を短くしたり厚めにしたりしてパッツンと切ればキュートで個性的な印象になるし、斜めに切ってアシンメトリーに仕上げればエッジの効いた人物に見えます。このような独自性のある前髪を選ぶ人からは、世間一般には迎合しないぞ、というその人自身の主張さえ感じられませんか？ 失敗したと思ったら、伸びるのを待てばいいのです。そう考えて、気楽に挑戦してみてください。

また分け目の変身効果も無視できません。センターパートなら知的な印象に、8：2でわければ流れができて表情に色っぽさが加わります。前髪を斜めに流せば、親しみやすいかわいさ、かきあげればクールに仕上がるでしょう。

今の髪型に飽きてきたな、なんだか今日はテンションが上がらないな、なんていうときは、分け目をいつもと逆にするだけで気分も印象も変わるはずです。

ちなみに、分け目はその人の性格や心理状態を判断する材料とされています。左分けなら、物事を論理的に判断する人。右分けなら感覚・感情タイプで、物事が好きか嫌いかを重視する人とイメージは変わるのです。いろんな分け目を試すなら、お風呂上がりのドライヤー前がベストタイミング。ここでセンターパートに挑戦したり、ウェットなかきあげ前髪に挑戦したりしながら、新たな自分を見つけちゃってください。

まとめ

自分の見せたい姿、将来への願望や理想を描いて髪型を変えてみて。難しいなら、まず前髪からでOK。

episode. 13

美容師は自分専属のメンター

実は私…
これまで
美容室って
ちょっと苦手
だったんです…

美容師さんはなんか
キラキラしてるから
気後れもしていたし
本当はもっと髪のこと
を相談したいのに
できずに
いつも終わって
しまっていて…
ペカー
まっ
まぶしいっ

芸能人の髪型を
真似したくて
写真を持っていった
のに恥ずかしくて
お願いできな
かったり…

変わりたいって思う
気持ちはあったけど
一歩がなかなか
踏み出せなかったんです

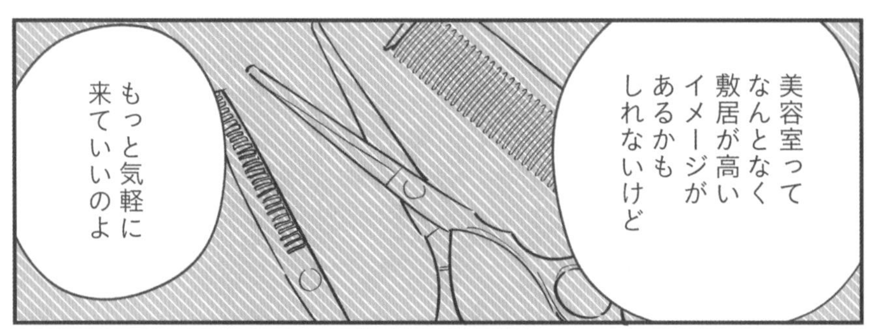

美容室って
なんとなく
敷居が高い
イメージが
あるかも
しれないけど
もっと気軽に
来ていいのよ

例えば
肌が荒れたら
皮ふ科に行って
相談したりするわよね
美容室も一緒
美容師はあなたの
髪のメンター
(指導者)
なのよ！

髪のメンター
指導者

髪のことなら
美容師さんに
相談するのが
一番！
ってこと
ですね

使うべきシャンプーや
おすすめの
ヘアアレンジと
いったことも
どんどん聞いて
いっぱい相談して！

美容室を
使いたおす
くらいの気持ち
でいいの

そのうえで…なりたい自分像に近づけてくれる美容師さんを探すならこんなところがポイントよ！

- 新しい自分に出会いたいからお任せで！という注文に快く自信を持って提案してくれる
- SNS等でさまざまなテイストの髪型を発信している美容師さんを探す
- 素敵だな…と思う人に担当の美容師さんを紹介してもらう

それとね
その人が本当に
髪のメンターとして
頼れるかどうかは
切った後が大事なの
どこで切ったの?
と聞かれる機会が
増えた
印象がいいと
いわれる
ようになった
自宅での
再現性が
高い
ヘアスタイルが
長持ちする
特に周囲の人の
反応はとっても
大切よ!

新しい髪型が
似合うかどうかは
自分よりも
他人の目のほうが
信頼できるし
他人に評価されれば
自信にもつながるわ
私もこの前髪型を
変えてもらってから
周りの後輩に
話しかけられることが
増えてきて…
本当にうれしい
です!
今までとっつき
にくかったみたいで…

私たち
全員ヘアケアから
始まって
もっと髪のことに
興味を持って…
人生が変わり
始めているのを
実感してるんです

たかが
髪型でも
こんなに楽しく
なるなんて
知ることが
できて
よかった
です!

美容室は
あなたの
なりたいを
いつでも全力で
応援しているわ

髪で人生を変える…
そんな体験が
あなたにも
訪れますように！

あなたの魅力を引き出す運命の美容師と出会うには

美容師はあなたを理想の姿に導くメンター

「こうなりたい」という自分の理想がわかってきたとき、次に挑戦したい髪型の方向性も見えてくるでしょう。目指したい憧れの人物が見つかるかもしれません。それをぜひ、あなたの担当の美容師に話してみてください。

その人は、あなたの話に耳を傾けて、オンリーワンのヘアスタイルを自信たっぷりに提案してくれそうですか？　もしそうなら、その方はあなたの新しい扉をこじ開けてくれる人。メンター（指導者）として今後も相談できる存在でしょう。でももし、しっくりくる提案をもらえそうにないなら、ほかの美容室を訪れるのも一つ。

理想的なヘアスタイルに仕上がってもそれを家で再現できない、という悩みをよく